ドリームワーク
DREAMWORK

ロバート・ボスナック 著
Robert Bosnak

岸本寛史・山　愛美 訳

金剛出版

初出および Copy Right

第 1 章 「ドリームワークの実践」 *'Practical Dreamwork'* （京都大学講議, 2000）

第 2 章 「臓器移植における統合と両価性」 *'Integration and Ambivalence in Transplants'*
(Deirdre Barrett (ed.)：Trauma and Dreams. Harvard University Press, 1996)
Integration and Ambivalence in Transplants by Robert Bosnak
Copyright © 1996 by the President and Fellows of Harvard College
Japanese translation / rights arranged with Harvard University Press through Japan UNI Agency, Inc., Tokyo.

第 3 章 「心理学的ネットワーキングと臓器の拒絶反応」 *'Psychological Networking and Organ Rejection'*（第 3 回 静岡国際心身会議, 2002, 静岡県立総合病院）

第 4 章 「体のドリームワークと古代の医療」 *'Somatic Dreamwork and Archiaic Medicine'*
（ハーバード大学講演, 2002）

第 5 章 「体現的想像力」 *'Embodied Imagination'*（Contemporary Psychoanalysis, October, 2004）
「コンテンポラリー・サイコアナリシス」誌編集長 Donnel Stern, PhD の許可を得て掲載
Reprinted and translated with permission of Donnel Stern, PhD of Editor, Contemporary Psychoanalysis.

第 6 章 「サイバードリームワークの動き」 *'The Cyberdreamwork Movement'*
(Copyright © 2000 Association for the Study of Dreams)
名取琢自訳「ユングとテクノロジー――人間の情動とコンピュータの関連性に照らして」（プシケー 第 20 号, 新曜社, 2001）より一部転載

第 7 章 「苦悩と体現」 *'Agony and Embodiment'*（エラノス講演, 2001）

第 8 章 「トラウマを代謝する――生態系としての体現的想像」 *'Metabolising Trauma'*（第 4 回 静岡国際心身会議, 2004, 静岡県立総合病院）

第 9 章 「汚れた針」 *'The Dirty Needle'*（Spring 44, pp.105-115, 1984）
スプリング社 編集長 Klaus Ottmann の許可を得て掲載
Reprinted and translated with permission of Klaus Ottmann, Editor-In-Chief in Spring Publications, Inc..

序　　文

　夢は，寝ている間に体験する出来事である。それらは生きられた経験であり，昼間に体験する生活と同じくリアルなものだが，想像だけで構成されている点が異なる。夢見を生み出す想像には驚嘆する。というのも，それは何分の1秒という短い間に世界を創造するからだ。しかも，1億ドルの予算をかけ，何百人のスタッフを動員し，何カ月もかけて作った映画の作り出す世界よりもリアルな世界が創り出される。想像的才能が作り出したこれらの作品はあまりにありふれているので，多くの者がそれと気づかないだけなのだ。

　私の仕事は，起きたままこれらの夢のリアリティに近づくことが可能である，という考えに基づいている。それが体に及ぼす影響を体験することで，メンタルヘルスとか，身体疾患からの回復，芸術や科学における創造的なプロセスにも何らかの影響を及ぼすことができる。夢はまだ開拓されていない宝である。それが何を意味しているか決してわからないとはいえ，ともかく，それらの想像活動に取り組むことで，それぞれの人生が場当たり的なものではなく，より意味のあるものとして感じられるようになる。夢は想像活動の情熱（パッション）であり，それは物理的な次元で体験された情熱にもまさるものである。それは生（せい）の豊かさを証言するものでもある。

　夢という純粋な想像活動のワークから開発されたこのドリームワークという方法は，日常生活の記憶など，他の心的機能に応用することも可能である。そして，本書のいくつかの章で示されているように，トラウマのワークにも応用できるだろう。

私は自分のワークが日本という豊かな土壌を見つけたことに感謝したい。河合隼雄教授が私を初めて日本に招いてくれたのは 1985 年だったが，何が待ち受けているかわからなかった。長い間日本とか日本的なものに情熱を抱いてきたこと。一度も日本語を学んだことがなかった自分に絶えず不満を感じていたこと。オウム返しとはいえ，私の日本語の発音は上手だと友人が保証してくれたこと。その友人たちは生涯の友となったこと。そして私は自分の仕事を全く方向転換したことなど，さまざまな思いが去来した。

　私がこれほど日本のことを好きになるとは全く予期せぬことであった。私は大戦後の母国オランダで育ったが，少年時代は，日本はそれほど好きな場所というわけではなかった。友人の両親が，戦争捕虜としてビルマの鉄道で働かされたが，その時に日本軍から受けた扱いはお世辞にも良いとはいえないものであったと話してくれたのが思い出される。それでも日本は私を魅惑した。私はライデン大学法学部を卒業したら，１年間日本に住む計画を立てていた（私はユング派分析家としての訓練を受ける前に，法律学と犯罪学を学んでいた）。しかし運命のいたずらにより，私は結婚して，日本に来る代わりにチューリッヒに赴き，ユング研究所で学ぶこととなった。

　ユング研究所ではアニエラ・ヤッフェ Aniela Jaffé の分析を受けた。彼女はユング側近の共同研究者で，『ユング自伝』も彼女が書き下ろした。彼女には一生感謝しても足りないほどである。彼女からは，仕事に専心し，たましいの深い流れを愛することを学んだ。教育分析の終了にあたって，彼女は，私がすばらしい人々に教わってきたのだから，今度は教えるようになることを強く勧めた。分析は一つの伝統であり，個人的に伝えられるべきものである，と彼女は私に保証した。私のもう一人の教育分析家はジェイムズ・ヒルマン James Hillman であった。彼の強力な精神(スピリット)は，私の拘泥している心に比較的明晰な思考体系の形を与えてくれ，私は今でもそこから元気をもらい恩恵をこうむっている。彼に負うところは言葉では表現できないほどである。これからみなさんが読もうとされている論文のどれ一つとして，彼の作り上げたもの，ユングのイメージ，フロイトの果敢な創始を抜きにしては考えもつかないものばかりである。

ある日，私がチューリッヒでの自分の分析を終えた1977年以後のこと，おそらく1980年代初期だったと思うが，ジェイムズ・ヒルマンは合衆国へ戻ってきて，その途中で初めて日本にも立ち寄り，われわれに日本のことを話してくれただけでなく，日本人も連れてきた——ニューヨーク州のバッファロー，ナイアガラの滝の近くで，研究と議論の花を咲かせた親密で長い週末を過ごすことができた。これを企画したのはポール・クグラー Paul Kugler だった。やってきた日本人とは河合隼雄，樋口和彦の両名だった。私はこれら二人の著名な方々に出会うことができて嬉しかった。私は自分の人生と日本的なものとの間にある文化的地理的な距離にまったく驚きながら散策したのを覚えている。

　私はユング研究所の資格取得論文を良心というテーマで書いた。倫理は私が研究した法学と分析心理学の両方にまたがるテーマだったからだ。これについてラファエル・ロペス・ペドラーサ Raphael Lopez Pedrazza に話したことがある。彼はヴェネズエラ出身の著名なユング派分析家で，1983年にイェルサレムで開催された国際分析心理学会でのことだった。そこで私は精神分析の夢に関する「汚れた針」（本書第9章）という演題を発表した。その時彼は，私の風貌は西洋人そのものだが，良心は西洋人のストーリーではない，そういう良心を持つ国は，西洋風の個人主義とは違って，集合主義で恥に基づいているような国，たとえば日本のような国ではないか，と言った。彼が何を言おうとしているのかわからなかった。それで私は日本にいく決心をし，自分の目で確かめてこようと思った。それから約20年が過ぎた今，彼の言葉の意味がうっすらとわかりかけている気がする。私は，日本を，西洋と比べるとはるかに，調律の文化であると思う。それは，集団の結びつきという音叉によって無意識的に調節されている文化である。個人の良心はしばしば集団の調和を乱す。集団との葛藤を個人的に抱える時には高度な意識レベルが求められるが，その基礎となるのは，個別的な良心であり，それを調和の取れた調律に高い価値を置く文化の中で持つのである。河合教授はもちろんこのことをよく自覚しておられた。それが，彼が私を招いて京都と東京で教えるようにしてくれた表向きの理由だろう。私を招いてくれた時に彼

と議論したのは，日本人は非言語的なコミュニケーションは上手いが，言語による議論の技能が身についているとはとてもいえないということであった。自分と人とは違うということをオープンにすること，特にみんなの前でそうすることが苦手だというのである。要するに，他の人とは異なる意見を持った場合，意見が異なることについてオープンに議論するという技能が他の能力よりも劣っているというわけである。西洋文化の価値があふれる世界では，これは欠点となる。それで河合教授は，私が日本にいる間は可能な限り西洋人として振る舞うようにと勧め，日本にあまり適応しすぎないようにと言った。数年後，彼はこう言った。「ボスナックさん，日本人になりすぎていますね。もう用無しになりますよ」。もちろんこれは彼一流のジョークだが，その気の利いた言葉が言わんとすることは深刻な内容を含んでいた。日本にいる間に，私は徐々に無意識的な調律の方法で意思疎通するようになった。日本語の能力がないので必要に迫られてそうなった部分もある。こうして，日本人の習慣となっているような，暗示的で比喩的なコミュニケーションをするようになったが，河合教授は私に西洋的な明確に定義された明示的な方法で教えることを望んだ。河合教授が私にもうすぐ用無しになるというジョークを話してくれた頃，われわれは日本心理臨床学会で一緒になり，その時，アーニー・ミンデル Arnie Mindell と私は，おそらく外国人として最初の会員になった。アーニーと私は，シンポジウムの席で何か理論的な点について聴衆の前で熱い議論を交わしたことを覚えている。議論の内容は忘れてしまったが，火花が飛び，オープンな知的見解の相違は情熱と論争の喜びに沸き立った。後で，通訳の一人が，議論の内容よりも，見解の不一致を情熱的に公の面前で闘わせたということからたくさんのことを学びました，と言ってくれた。河合さんは喜んでくれたと思う。

　日本に毎年来るようになって 15 年目，山中康裕教授が京都大学客員教授に招いてくれた。これは私の生涯の中でも最高に光栄なことの一つであった。2000 年の春と夏，京都大学に勤めた。山中教授のことは何年も前から，科学・医学・芸術・音楽の才能に感嘆していて，彼の機転に富んだ機知が好きだった。彼のおかげで，「縁」という日本の概念をほぼ理解できるようにな

ったと思っている。彼はそれを「共時性」（synchronicity）と訳した。私の理解するところでは，それは，一つの有機体のように振る舞う環境世界，意味のある連関が浸透した一つの生態系，の中に入っていくという精神(スピリット)のことではないかと思う。それによって私は，世界を，たましいの行き渡った布，場の精神(スピリット)の衣服，と感じられるようになった。本書第5章「体現的想像力」ではこのことについて語っている。

　臨床心理学専攻の大学院の学生たちを教えていたとき，私は毎回講義の前に，話す内容の簡単な概要を用意した。講義は英語で行ったが，学生たちは平均すると私の英語の30％程度を分かったようだったが，話した内容をどのくらい理解してくれたかは分からない。多くが講義に出てこなくなった。しかし，勇敢にも努力して奮闘した人たちは何かを得たようだった。初めの頃私はかなり絶望的な気分になっていたが，たいていの創造的なプロセスは，仕込みたいと思う相手を投げ倒すことができないという絶望から始まるものだ，ということを思い出した。授業時間外に夢のグループを作ったので，学生たちは参加するのが義務だという気持ちを持たなくなり，プロセスを実践するようになった。それで，授業ではより理論的な側面について話した。

　これらの講義の概要は出版されることを意図したものではなかった。それらは映画の字幕スーパーのようなものである。背景にあるはずの音楽や映像がなくても字幕だけで理解できるのだろうか。本書の翻訳者たちは，大丈夫です，と請け負ってくれた。そうであることを願う。

　1981年，クレア・シルヴィア Clair Silvia に出会ったとき，私はすでに臓器移植の心理学的側面に関心を持っていて，このテーマについて，小説の草稿を書いていた。ところが，実際の臓器移植患者を目の前にすると，現実(リアリティ)はフィクションよりも強烈だということを知った。クレアはドナーが存在するという感覚を持つようになり，また多くのレシピエントたちはドナーの性質の幾分かが自分の中に入ってきているという感覚を持っていることが分かった。こういった体験は何なのだろうか？　彼らは実際のドナーの性質のことを言っているのだろうか，それとも主に新しい宿主の中の，臓器の統合の部分のことを言っているのであろうか。本書の中の第2章は移植された臓器

の心理学的な統合と,さらにそれと臓器の拒絶という身体的プロセスとの関係を巡る私の考えについて述べている。

私が夢見と医学との関係に関心を持つようになったのは,西洋において,現代医学の最も古い形と思われる医学が夢に基づいていたという事実による。病に苦しむ人たちはアスクレピオスの神殿に行き,クリネー———「クリニック」はこの言葉に由来するのだが———と呼ばれる神殿の中の石でできた長椅子に横たわっている。すると,夢の中に,治療法を処方してくれる癒しの神が訪れたものだった。私自身初めて夢に導き入れられたのは,重い身体の病気を患ってのことだったので,幾つかの章を御覧になるとわかるだろうが,私にとってはつねに夢見と医学とのつながりというのが,最も重要であった。

ドリームワークは社会的な活動であり,口述の伝承に属するものである。多くの文化が夢を共有している。オーストラリアのアボリジニーのある種族たちは夢のことを「朝のニュース」と呼んでいる。今日,インターネットの時代になって,声と映像のグループを作ることができ,この口承の伝承は地球規模のものになる準備が整った。1997年には初めて,世界中のいろいろな場所からの参加者がインターネットにアクセスして,テレビ会議ソフトを使って集い,互いに喋ることが可能になった。それから3カ月もたたない,1997年8月には,ジル・フィッシャー Jill Fischer と私は www.cyberdreamwork.com を立ち上げた。これは音声に基づくドリームワークを目的として作られた世界初のサイトである。これまでに,世界中からおよそ100名の人々がサイバードリームグループに定期的に集っている。1997年以来,グループを途中で止めてしまう人の割合は極めて低く,参加者たちは何年もの間グループに対して非常に誠実であり,これはインターネットのグループでは珍しい現象である。それらのグループが最高潮だった頃,われわれはコンピュータがコミュニケーションの道具以上のものになり得ないかと探り始めた。われわれはコンピュータが情動を認知し,コンピュータによるセラピー(Computer Assisted Therapy:CATHY)ができる可能性を研究し始めた。われわれは,類似の情動パタンは類似の精神測定のグラフを示すのではない

かという仮説を検証した。われわれは電気皮膚反応を用いた（GSR，交感神経の活動における変化による電気の皮膚伝導性の変動を測定）。その研究結果は，一章として本書の中に収められている（本書第6章参照）。

後にこれらの仮説は，マサチューセッツ工科大学（MIT）のメディア研究室の大学院生たちによって検証され，確認された。彼女の仕事はMITの公開講座の一つにもなっている。仮説を確証するタラ・ブラウン・ラバイ Tara Brown L'bahy のパワーポイントによるプレゼンテーションは，

http://ocw.mit.edu/NR/rdonlyres/Media-Arts-and-Sciences/MAS-630Affective-ComputingSpring2002/9E0AEF8B-F79E-41A7-871E-6C7924D5E76A/0/tarabrownlbahy.pdf

にある。この研究が，日本の優秀な科学技術者によってさらに進展されることを，私はずっと期待してきている。なぜなら，コンピュータが人間と情動レベルでコミュニケートできるようになることは，将来における重要な課題だと思うからである。

本書の編者の一人である岸本寛史氏と出会ったとき，彼は私の著書『AIDS患者と夢を生きる』（"Dreaming with an AIDS Patient"）を読んでいてくれて，後にそれを邦訳してくれた（『クリストファーの夢』創元社）。この出会いには極めて重大な意味があり，静岡国際心身会議をすることになった。これまですでに4回開催された。本書のうちの幾章かは，その会議で発表したものである。

京都に滞在していた頃に，山愛美先生と出会った。彼女のクライエントとの繊細な仕事からは多くを学んだ。彼女の極微に夢を扱うやり方はとても有効な方法である。

彼ら二人の編者には感謝している。この本に反響があって，彼らに応えることができれば，と願う。

最後になるが，最も重要なこととして，私のグループの共同リーダーであり共同教育者である濱田華子先生に感謝の意を伝えねばならない。1990年代初期に彼女と私はエンボディド・ドリームグループを東京で始めたが，そ

れは現在も続けられている。「マナの会」と名づけられたこのグループは，エンボディド・ドリームグループの中では一番長く続いていて，現在では私の手を離れ，独自に運営されている。彼女の存在なくしては私が日本で仕事をすることはありえなかった。彼女との深い友情は私にとっては計り知れない価値を持つものである。

　私の残りの人生を，日本で仕事が続けられることを期待している。もしも生まれ変わりを信じるならば，私の前世は日本人だったに違いない，そして現世において，かつて（前世で）知っていたことを取りもどそうとしているのではないだろうかと思う。

シドニーにて，2004年7月4日
ロバート・ボスナック

訳者まえがき

　臨床に携わる者にとって，事例や実践を通して学ぶことは多い。そこには，いわゆる臨床心理学や精神医学の知見だけではなく，学問分野の一般的な区分を超えた——あるいは領域として分けられる以前のといった方がよいかもしれない——人間存在の普遍的，根源的なテーマが見えてくることがある。初心者の心理療法家が，真摯にクライエントに会い続けることで，事例としては上手く展開しているにもかかわらず，何が生じているのか本人がよく分かっていないことはままある。しかしそのような場合でも，読み解く側に力があれば，その次元まで見ることは可能である。心のエネルギーが注がれると，なかなか凄いことが起こるものだ。それならば，実践を行う者自身が，人間存在の根幹に関わるような理論を背景に持ち，心の深みに開かれながらもしっかりと意識する目でその実践のプロセスの中で生じてくるものを見続け，そこから独自の新しい考えを組み立て，さらにそれを言葉にする力があるとするならば，いかがであろうか。そのような人物によって示されるものは，われわれにとって，人間についてそして世界について考える上での貴重なテキストであり，良質の刺激にもなりうるであろう。本書はまさにそのような本である，と私は思う。

　本書は，ユング派の分析家であり，ドリームワークという独自の方法を考案し，世界各地で精力的にその実践を行っているロバート・ボスナック先生の講義や講演を邦訳し，編集したものである。先生は 1985 年の初来日以来，翌年を除いて毎年日本を訪れ，その度に各地でドリームワークのセミナーや実践を行われているので，ご存知の方も多いだろう。実際，グループで行わ

れるワークに参加した経験を持つ方々もおられるかもしれない。また著書の邦訳としては，1992年に『夢体験を深める——ドリームワークの方法』（渡辺寛美訳），そして2003年には『クリストファーの夢——生と死を見つめたHIV者の夢分析』（岸本寛史訳）が，いずれも創元社から出版されている。

さて，本書を読み進めていただく上での導きとなるようにということを念頭に置きながら，私自身が考えてきたことも多少織り交ぜて，幾つかの重要な点について述べておきたい。

I　ドリームワーク

ドリームワークとは，ドリーム（夢）とワーク（作業）という二つの言葉からなる造語であり，夢を材料と見なすワークであると述べられている。ワークする素材は，夢見手が報告する夢の中からボスナック先生が即座に選び取り，それを材料にしてワークが始まる。ワークは，「夢の元型的な底流に添って」（本文p.29）なされれば，夢見手のプライベートなことに触れずに，グループの中で行うことも可能であるという。具体的な方法については後述するが，実際のワークが進められる様子は，各章随所に逐語的に詳述されているので，臨場感を持って体験できるだろう。

1. "Embodied" ドリームワーク

2004年3月，ボスナック先生，共訳者である岸本先生そして私の三人は，前日の『夢と身体』をテーマにしたシンポジウム（静岡県立総合病院にて開催）を終え，その興奮もさめやらぬまま，翌朝静岡市内のホテルで本書について話し合っていた。ちなみにその時のボスナック先生の講演『トラウマを代謝する』は，本書の第8章に収められている。

われわれの間でまず話題になったのが，本書のタイトルについてだった。ボスナック先生が特に強調されたのが，「ドリームワークといっているけれど，本当は"Embodied dreamwork"なので，タイトルに"embodied"の意味合いを盛り込めないか」ということだった。以下はその時のやりとり。

「これ (embodied) は日本語にするのが難しいんです。embody というのは体を与える，そしてここでは体で体験するという意味もあるんですよね？」
ボスナック：「そうそう，何かそんな意味の日本語はありませんか？」

……「具体化する」とか「具現化する」とか，候補を挙げてみたものの『具体化されたドリームワーク』や『具現化されたドリームワーク』では何が何だか分からない。

「肉 (flesh) を与えるというのなら，受肉する (incarnate) という言葉がありますけれど」
ボスナック：「肉を与えるという意味ですか。ああ，それ，そのジュニクスルというのは凄くいい。ところでそれは一般的に使う言葉ですか？」
「いやー，普通には使わない。特殊だと思う」

……実際『受肉されたドリームワーク』では，さらに訳が分からなくなる。

三人：「うーん……」

ということで，結局タイトルは『ドリームワーク』に収まった。だからまずここで，本来タイトルに盛り込まれるべきだった"embodied"の意味合いについて説明を補っておかねばならない。ここで私があえて英語のまま表記しているのは，この言葉こそがこのドリームワークにとって重要な意味を持っているにもかかわらず，上に示した会話からもわかるように，適当な日本語に置き換えるのが難しいからである。本文中の訳出の際にもかなり苦心して，その都度訳し分けたりカッコ付けで原語を挿入したりしている。

とりあえず英和辞典を見てみよう（以下は『ランダムハウス英和大辞典』［小学館］および『リーダーズ英和辞典』［研究社］をまとめたものである）。「Embody」は，「body（体）」という名詞に接頭辞 em（en の異形）がついたものである。

① em には「……にする」，「……ならしめる」の意味があるので，「embody」は

「体にする」とか，「体にならしめる」という意味になる。
② em には「in」「into」の意味もあり，「embody」は（ある形体の中に）「統合する」，「組み入れる」「包含する」という意味ももつ。

　これらを，夢を扱うという文脈において理解するならば，夢の中に立ち現われてくる目に見えぬイメージを，体（形）を具えたものにならしめる（具体化する），つまりイメージに体（形）を与える，という意味とともに，その夢の中に組み入れられる，夢の中に含まれるといった意味合いもあることを忘れてはならないだろう。夢の中に入り，現われてきたイメージのさまざまな側面に入り，そのイメージに体（形）を与えていくプロセスを，身体性を伴って体験することこそがドリームワークでは重要なのである。

　実際，いくら一見ドラマティックな夢を見ようとも，夢見手がそれにコミットしなければ本当の意味での体験にはなりえず，何も変わらない。それはただ見ているだけで，次々と名所旧跡を連れ回され，○○にも行った，××にも行ったという自己満足が残るだけの観光旅行のようなものである。夢のイメージを持ち続け，さらにそのイメージの中に入り，内側から体を通して，さらにいえば五感に開かれながら体験する。心と体の意を曖昧に兼ね備えた日本語の言葉，「身」を用いて「夢の中に身を置いてみる」と言うとよりピンとくるかもしれない。何にせよ外から見るのと内側に入って見るのとでは，ものの見え方は随分違うものである。いろいろと想像を巡らしてみられたい。

　ところで，このようなことは何も夢や観光旅行のことだけではない。現代人の多くにとって，本来自分の実際の体験であるはずのものも，その実感が希薄で，まるでただ目の前を通り過ぎていく束の間の事象であるかのようになってしまってはいないだろうか。事象から自らを切り離し，関係を持てない，あるいは持とうとしない。一つの事象に留まることなく，ふわふわとさ迷い，漂う。体験をするということは，事象の中に入り，留まり，下降しながら，内側から自らとのつながりを探りながら創っていくことである。このように考えていくと，今日の人間の身体性をめぐる問題のことが次々と頭をよぎり，"embody" は現代を考える上での重要なキーワードとして考えられ

るようにも思う。

2. 夢は見るのか？　夢は誰のものなのか？

　ところで，ここで加えて述べておきたいことがある。本書だけではなく，これまで英語で書かれた夢に関する本を読んでいて，私の中で引っかかっていたことがある。それは夢についての表現のことだ。日本語では普通「夢を見る」と言うが，英語ではそのような表現はしない（ボスナック先生も本文124ページに「日本語流に言えば」とわざわざ指摘している）。英語の文献には "have a dream"（直訳すれば「夢を持つ」）とか "occur"「（夢が）生じてくる」とか，"send"「（無意識が，夢を）送ってくる」といったような表現が見られる。

　「私」＝「自我によって統合されている意識している自分」と捉えると，本来夢見については「私」の意志ではないのだから，「私が夢を見る」というよりは，むしろ，知られざる第三者あるいは何かによって「私が夢を見せられた」という方が真実に近いかもしれない。また，英語の表現でいえば，「私」に生じてきたもの（あるいは「私」に送られてきたもの）が夢であり，それを，主体性をもって「私」が見るか否かはまた別問題ということになる。つまり夢が生じてきても「私」が見るとは限らないわけである。このように考えていくと，日本語と英語の表現における違いは「私」をどう捉えるかの違いによるものなのかもしれない。「私」＝「自我によって統合されている意識している自分」であれば，「私」の意志に関わらず生じてきたものを「私」が見るのか見ないのか，ということになる。それに対して「私」の概念に，「自我によって統合されている意識している自分」という意味合いを超えた部分まで含むとするならば，やはり「私」は夢を見ているといえるだろう。英語の場合が前者であり，日本語の場合が後者であるといえよう。ちなみにボスナック先生は「夢主」（dreamer）に対してわざわざ「『私』とは異なる，夢を作り出している知られざる要因」（本文 p.33）と注意書きを付している。これはつまり「私」＝「夢主」ではないということだ。

　また別の視点から見れば，主体の関与の違いがあるのかもしれない。一般

的に，日本語においては，本当は私の意志で，「(私が) 引越しすることにした」はずであるにもかかわらず，「引越しすることになりました」と言ったりする。「私」という存在が，状況の中で周りから峻別された「個」としては捉えられず，大きな流れの中の一要素として「私」があるといったくらいの感覚なのだろうか。とするならば，夢についても，夢の中の一要素として「私」があるくらいのスタンスなのかもしれない。

　日本語で「夢を見る」といっている場合，主体性のいかんはさほど問題ではなく，送られてきたものをあるがままに受け止めれば，それで見たと表現されるのに対して，英語では主体性を持って見ない限りは「見る」と表現しない，という違いがあるように思える。

　いずれにせよ一見些細なことのように思われるかもしれないが，「私」と夢の関係についての表現の違いには，「私」という概念の捉え方の違いも反映されているようで興味深く感じられる。「私は夢を見るのか？」という問いを通して，「私」とは何なのだろう，どこまでが「私」なのだろうか，という疑問を持ってみることもなかなか面白いと思う。また，一体何が夢を作っているのか，あるいはどこから夢は来るのか，「私の夢」と言っているけれど夢は本当に私のものなのだろうか，など，疑問は膨らむ。いかがであろうか。

3. ドリームワークの方法

　さて次に，ドリームワークの方法について述べる。まず初めに夢見手は，覚醒と睡眠の間の状態，入眠時の意識状態へと入っていくことを促される。それは，意識が次第に薄れ，覚醒時には明確だった事物と事物とを区別する輪郭が曖昧になるまどろみの世界。その際，視覚，聴覚，嗅覚，味覚，触覚などできるだけ多くの感覚を動員することが求められる。ワークする素材は，夢見手が報告する夢の中から，ボスナック先生によって選ばれる。この素材は錬金術でいうところの「第一質料」にあたり，夢見手はそれからイメージの中に入っていくことになる。その意味では，このワークの素材選びは，適当な入口の扉探しともいえるであろう。入りやすく，かつ危険でない素材選

びが重要である。

　ドリームワークの概略を述べると以下のようになる。

①夢見手を夢の環境の中に連れていく。その場に身を置けるように手助けする。「まわりは明るいですか？」「そこは広いのでしょうか？」などと尋ねながら。
②夢の中の出来事が起こっている間の夢見手の体の感じに焦点を当てる。例えば恐怖で縮み上がり，しびれて無感覚になっているのであれば，その感じを感じながら，入っていく。
③いろいろな感覚に焦点を当てる。
④自分と異なる夢の中の人や物に同一化する。その人，物の体験の中に入る。
⑤同一化している人や物の感覚と同時に，自我の体験している感覚を体験する。

　これは，夢の中に生じてくるさまざまな側面に入っていくことで，覚醒時の自我にとって慣れ親しんでいない人（物）の中に入り内側から体感することを通して，自我の中に見慣れたものとして収めていくプロセスである。ワークにおいて，体を通しての体験がいかに重視されているかが分かるであろう。

　ところで，私はここでドリームワークにおける意識することの重要性も強調しておきたい。ボスナック先生は，「ドリームワークは本や講義からは学べません。木工や陶芸と同じで，職人が実際に仕事をしている場面を見る必要があります」（本文 p.29）と述べている。確かにその通りだと思う。しかしながら，芸術の領域におけるいわゆる職人芸といわれるものも，傍目にはその技がただ職人の勘のようなものでなされているように見えはするものの，実はその背後には自らを見つめる冷徹で客観的な視点——それは体を通しての訓練を通してしか会得できないものであろうが——が，あるように思われる。その内容は言語化するのはなかなか難しく，一般的には職人の勘というような言葉で一つに括られていることが多い。

　ドリームワークにおいて，自我にとって見慣れないものが，見慣れたものになっていくプロセスにおいて，錬金術の作業の一つ，溶解が生じる。自我にとって見慣れないものは，一種の異物である。その異物である見慣れないものが，見慣れたものと融合することでワークは進展する。しかしながら，

初めから見慣れたものと見慣れていないものの区別もなく，ただ融合するのでは作業の意味がない。錬金術の表現を用いれば，対立物が溶解し融合することこそが重要なのである。見慣れたものと，見慣れないものとを区別することは意識化することであり，内容が曖昧で無意識なもの同士が溶解し融合しようとも，それは新たに不純物を生産するだけである。

　ドリームワークを進める上で，終始不可欠なのは意識化する力である。ボスナック先生はこれに対して，「冷たい視線」「冷たい目」（本文 p.74）という表現を用いている。われわれがイメージに対して持つべき態度として，「残酷なまでに正確に映し出す冷たい態度」（p.73），ここでいう残酷さとは「不完全さも，一つ一つの皮膚のしわも映し出すようなカメラの残酷さのことです」と述べられている。決して目を逸らさない。厳しく，冷徹な，意識化していく目。意識の水準を下げていくと，心理療法家とクライエント，グループで行う場合はそこに参加しているすべてのメンバーがイメージを共有し，深いところでの溶解を体験する。だからこそ，このような目が必要なのである。本書のドリームワークの詳細な記述を見ると，ボスナック先生がいかに細心の注意を払いながらワークを進めておられるかが読み取れるであろう。

　そもそも全体性の流れの中に埋没したようなあり方の「私」からなる日本人が（上述の「2. 夢は見るのか？　夢は誰のものなのか？」も参照），このような「冷たい視線」「冷たい目」を持つに至るには相当な訓練が必要なのではないだろうか。もちろん，「冷たい視線」だけになってしまったのでは，お話にならないのだが。

II　本書の内容

1. 本書の内容

　ここで本書の内容について簡単に紹介しておこう。各章は次のような内容からなっている。

　第 1 章　ドリームワークの実践

第2章　臓器移植における統合と両価性
第3章　心理学的ネットワーキングと臓器の拒絶反応
第4章　体のドリームワークと古代の医療
第5章　体現的想像力
第6章　サイバードリームワークの動き
第7章　苦悩と体現
第8章　トラウマを代謝する
第9章　汚れた針

　第1章から第8章までは，いずれもドリームワークの実践を通して，臓器移植（第2，3章），インターネットを利用したワーク（第6章），2001年9月アメリカで起こった同時多発テロ事件時のワークやトラウマについて（第7，8章）など，今日的な話題が取り上げられている一方，第4章では古代ギリシアの夢のインキュベーションについても言及されている。このあたり，実にボスナック先生らしい。先生は，曖昧で訳の分からない夢というものをずっと扱いながら——文字通り夢だけで食べておられる——最先端の医学や科学，そして現代社会に対しても非常に開かれた方である。第9章はフロイトの有名なイルマの夢，そしてフリースへの書簡を材料に，分析や心理療法の本質に迫るものであり，いろいろと考えさせられる。

　先生はオランダで生まれ法律を学んだ後，スイス，チューリッヒのユング研究所で分析家としての訓練を受け，その後アメリカで長年暮らし，現在オーストラリアに居を構えておられる。と一応書いてはみたものの，その実先生は年中世界中を飛び回っておられ，一応地球に住んでいると書いた方が真実に近いかもしれない。身の回りのものすべてが入っていそうな大きなリュックサックを背負い，バッグを引きずって，「僕が最近友だちに何て言われていると思う？　"それじゃまるでサンタクロースじゃないか"だってさ」と変わらぬ笑顔でやってくるのが，先生だ。
　新しく，古い。そして空間的にも視野が広い。にもかかわらず表層的にならないのは，先生が，上述したような人間存在の根源を見つめ続けようとす

る視座——錬金術——から決して離れることがないからである。

2. 本書の意義

　ボスナック先生というと，これまで日本ではドリームワークの実践が紹介されてきている。ワークを通して体に生じる変化（例えば血流がよくなるなど）は，感動を覚えると同時に，一種の恐怖さえ感じる。ある意味本書は体にくる本である。
　しかし私は，本書を，『ドリームワーク』の実践書としてのみの位置づけをしたのでは不十分だと思っている。まず，このワークの実践の背景にある，しっかりとした理論の存在を知っていただきたいのである。誤解のないようにつけ加えると，私がここで言っている理論というのは，心理療法家自身が一生をかけて自らの生を通して創り上げていく，生きた（生きられている）理論のことである。
　第1章はボスナック先生が京都大学に客員教授として招聘された折の，全12講からなる連続講義である。これらを読んでいただければ，上述したことが実感できるのではないだろうか。その第3講の中で，先生がチューリッヒのユング研究所で最終試験を受けた際のエピソードが語られている。少し長くなるが引用すると，「（なぜ卒業試験を受ける準備が整ったと感じたのか，と尋ねられた時）私に迷いはありませんでした。何年にもわたる分析とか，精神病院での何時間にも及ぶ仕事，スーパーヴィジョン，研究所における私自身の研究については何も触れませんでした。最初に私の心に浮かんできたことは，『結合の神秘』を自分独りで学ぶ準備ができたと感じた，ということでした。1977年，29歳という円熟の年に私はユング研究所を卒業し，それ以来，『結合の神秘』を，神秘を，自分で研究してきました」（本文p.43）とある。『結合の神秘』は周知のように，ユングの最晩年の錬金術に関する著書である。『転移の心理学』（林道義・磯上恵子訳，みすず書房，1994），『心理学と錬金術Ⅰ，Ⅱ』（池田紘一・鎌田道生訳，人文書院，1976），『結合の神秘Ⅰ，Ⅱ』（池田紘一訳，人文書院，Ⅰ；1995，Ⅱ；2000）というユングの錬金術についての一連の著作はいずれも邦訳され日本に紹介されている

が，なかなか難しい。なかでも『結合の神秘』は難解である。しかし，ユングの真髄はそこにあるのではないかと思われるし，また心理療法を考える上でもどうしても取り組んでおきたいのが錬金術である。その理解の困難さは，もちろん背景にあるさまざまな知識の不足による部分もあるのだが，その読み解き方に慣れていないということもあると思われる。

　この第1章では，上述の先生の言葉からも分かるように，ドリームワークの実践と錬金術を背景に持つ先生の理論とが，そして加えていうならば先生自身の生（せい）もが重なり合うようにして織り込まれ，見事に一体になって語られている様（さま）が見てとれる。講義が行われている教室の中に，自らも身を置いているような感覚で読んでいただければと思う。これは，錬金術を理解するうえでも大いに助けになるであろう。私自身，ユング派分析家のエディンガーの著『心の解剖学』（邦題は『心の解剖学――錬金術的セラピー原論』岸本・山訳，新曜社，2004）と合わせ読んでみて，ようやく錬金術理解の緒に就いたように感じている。

3. イメージの力

　次に，本書を読みながら具体的なワークの実践を通して示されている生（なま）の素材を通して，われわれ人間にとっての根源的なものについて見ようとすることを試みていただければと思う。まず，重要なテーマを，キーワードとしてあげるならば，「体」，「イメージ」，「こころ」。夢の中にイメージとして生じてきたことをどのように身体性を伴って体験するのか。夢のイメージは，体とこころを媒介する第三の世界から生じてくる。そしてそのイメージに形（体）を与えていく。

　古来人間は自然の中に，自然とともに生き，当たり前のように木々の声，風の囁きを聞いていたであろう。しかも，自らも山や森の中の木々や草花と同じ一個の存在として。本書の中に，繰り返しアボリジニーの人々が狩猟の前に行うカンガルーダンスの話題が登場するが，「カンガルーを捕まえるにはカンガルー以上にカンガルーらしくあらねばならない，さもないとカンガルーを捕まえられないから」と彼らは言うらしい。とてもよく分かる気がす

る。私は，懐古趣味に陥るつもりもなく，科学の発達の恩恵に日々浴している自分を十分に知った上であえて言うが，大量の情報に溢れる現代社会の中，われわれは一体何を体験しているのだろうか，本当に豊かな体験をしているのであろうか，私は疑問に思う。

確かにマスメディアの報道する事件やテレビ番組で放映されている話題は，過激で刺激的である。それらを通して一時的に揺さぶられたり，涙したりして，多くの人は感動した気になる。しかしそれぞれの事象が与えてくれるのは，刹那的な衝撃であり，感動であって，それぞれの体験は断片的であり，私という存在とはつながりを持たない。これらは，目の前を通り過ぎるバラバラの事象に過ぎないのではないか。

芽吹く木々の緑を見て，生命の息吹を体全体に感じて内からあふれ出るようにして揺さぶられる。そのあたりにある木々など，あまりに日常的で何の変哲もない存在だと言われるかもしれない。しかし，この心の揺れは，自らの身をその中に置き，その内側から自分自身とのつながりを体感しながらの体験である。

イメージはばらばらの事象をつなぐ働きを持つ。夢に生じてきたイメージのさまざまな側面の中に入り，内側から体験することによって，イメージと私とはつながりを持つ。また一つのイメージの中に留まり続けるのも重要なことである。イメージはこころと体の両方の領域に関わるものであるから，当然のことながらこの作業は，こころと体とをつなぐことにもなる。ドリームワークとは，真の意味での体を通しての体験を取り戻す方法といってもよいだろう。

さらに，臓器移植やトラウマについて。臓器移植については今後ますます医学において盛んになっていくであろう。その際，移植の際の，体の拒絶反応については，手術の成功を考える上で注目を浴びるし，課題として取り組まれるだろう。しかし，本書で挙げられているドリームワークの具体例からは，人間存在の根源的な問題，体とは何なのか，私の体とは私の体なのか，などと考えさせられる。いずれにせよ，興味本位では読んでいただきたくない。トラウマについても，トラウマにならないようにとか，トラウマがない

ことがよいことだというような見方が世間ではある中，本書は異なる視点を与えてくれる。

　私自身はクライエントが語る夢を自分の体の中に深く沈め，その中でイメージが広がっていくのを体験しながら，そのイメージを大切に持ち続けていることが多い。意図的に，ある人物や物の中に入ることを促したりすることはない。クライエントの中の自然な展開に任せて，それに添うようにしている。もちろん細心の注意を払いながら。

　最後にある女性のことを記しておきたい。

　彼女はいつも水の深い深い深みから世界をじっと見ているような人だった。あるとき，いつものように一人で過ごしているとき，彼女は一匹の犬になって歩いていた。目の前は地面すれすれ，鼻を上下させてくんくん嗅ぎまわりながら，ハーハーいいながら歩いていた。「私はそのとき犬でした。引かれて歩いていました」。森林に入ると，木々と一体化してしまう。花の蜜を吸う虫を見ると，生命を次代へつなぐため，虫たちを誑かす花の貪欲さに，自ら花と重ねて嫌悪し，傷ついてしまう。そんな彼女が現実の世界の中でやっていくのは，本当に大変だった。

　私自身がボスナック先生と個人的にいろいろとお話しする機会を持つようになったのは，先生が京都に長期滞在しておられた 2000 年以来である。私自身臨床で夢を聞かせていただくことが多いので，私は夢をどのように聞いているのか，言葉とイメージについて，またそれらの体との関わりについてなど，私が考えてきたことを話してきたが，とても熱心に聴いてくださり，それを言葉にしていくようにと言われてきた。言葉にするという仕事は，私にとっては決してたやすいものではない。深みに降りていき再び浮かび上がりそこから拾い上げたものを言葉として「凝固」する必要がある。先生は「詩的に書いたらいいからね。ポエティックにね」と言われる。それが私にとって的を射た助言かは分からないが，ずっと私が考えているイメージと体との関係のこと，イメージを形にしていくこと，これらのテーマについて言葉にしていくことが，先生から私に課されている宿題である。

　共訳者の岸本先生と一緒にお仕事をさせていただくのは，『女性の目覚め』

（新曜社，2003），『心の解剖学』（前述）に続いて本書で3冊目である。特に本書については，岸本先生が精力的にボスナック先生の講演や講義の原稿を集めておられ，その熱意と真摯な姿には頭が下がる思いがした。ボスナック，岸本両先生には，ここに改めて感謝の意をお伝えしたいと思う。

　また本書の意義を理解し企画してくださった金剛出版の山内俊介さん，そしてレイアウトや校正を担当していただいた大田和江里子さんにもお礼の言葉を申し上げる。

2004年6月29日
山　愛美

Contents

ドリームワーク　目次

序　　　文 …………………ロバート・ボスナック　3
訳者まえがき ……………………………山　愛美　11

第1章　ドリームワークの実践……………………29
　　第1講　概　論　29
　　第2講　能動的想像　36
　　第3講　第三のもの，錬金術の観念　42
　　第4講　個性化の原理――自己への衝動――世界創造の力　47
　　第5講　黒――水と死　54
　　第6講　死と抵抗　59
　　第7講　火の中の媒体　64
　　第8講　暗闇の中で不思議な光を見ること　68
　　第9講　苦痛共感的で残酷な冷たい目　72
　　第10講　魂と白い世界　77
　　第11講　夜明け：赤化と新たな方向づけ　82
　　第12講　賢者の石（*The Stone of the Wise*）　87

第2章　臓器移植における統合と両価性（アンビバレンス）……………95
第3章　心理学的ネットワーキングと臓器の拒絶反応 ……115
第4章　体のドリームワークと古代の医療 ……………123
第5章　体現的想像力 ………………………………137
第6章　サイバードリームワークの動き
　　　　――*Jill Fischer* との共同研究………………154

第7章　苦悩と体現——エラノスでの講演
　　　　（アスコナ，スイス，2001年10月5日）……………167
第8章　トラウマを代謝する——生態系としての体現的想像 …187
第9章　汚れた針——劣った分析家のイメージ……………199

訳者あとがき………………………………………岸本　寛史　212

索　　引　218
訳者略歴　223

ドリームワーク

第1章　ドリームワークの実践

第1講
概　　論

　私はドリームワークを木工のような工芸と考えています。夢は，木工における木に相当する材料というわけです。まず，材料について知る必要があります。最終的には，木から素敵な本棚を作る人もいれば，ヴァイオリンを作ったり，あるいは家を建てる人もいるでしょう。各人の夢との取り組みも同じようなものです。いろいろな人が開発した方法で夢と取り組みます。しかし最終的には，方法は自分のものにならねばなりません。この一連の講義では，ドリームワークの実践が一つの工芸であることを，多くの例を用いて示したいと思います。皆さんが自分の夢を提供して下さることも歓迎します。私は25年にわたって，多くの人がいる前でドリームワークの実際を見てもらってきた経験から言えるのですが，夢見手のプライベートなことにあまり触れずに人前で夢をワークすることは可能です。夢の元型的な底流に添ってワークをするだけでよいのです。ドリームワークは本や講義からは学べません。木工や陶芸と同じで，職人が実際に仕事をしている場面を見る必要があります。それから自分ひとりですることになります。これから皆さんとワー

クショップに入ろうと思いますが，実際には生(なま)の材料が必要です。6月までに私を信頼して夢を出してくれる人があれば嬉しいです。

まず私自身の2つの夢から始めたいと思います。というのも，夢に関する講義は，夢から始まるべきだと思うからです。

夢1 ポーランド人の祖父は洋服屋である（実際にはそのような先祖はいない）。彼は夢を通して世界を知りたいと思っている。

この夢は，1970年代初期に，私が教育分析を受けているときに何度か生じてきた夢です。それ以来，気がついてみると私は，多くの国をまわりながら，多くの人に，どんな夢をどんなふうに見るのか，尋ねてきました。夢見に関する私の意見は，これらのさまざまな人種の人たちとの会話から生まれてきたものです。

夢2 私は暗い部屋の中で父と座っているが，外は明るい。われわれの間にはコーヒーテーブルがある。私は手に一冊の本を持っている。ユング全集の中の一冊だ。私の背後の窓枠に，ブリキの鳥かごがある。その中に小さくて黒いビロード製の剥製の鳥がいる。父が「鳥かごを処分したらどうだ？」という。

この夢を見たのは2日前のことで，この講義に備えて勉強しているときでした。錬金術師の次の言葉が思い出されます。「本はすべて燃やしてしまえ，本当の智慧をもたらしはしないから」。でもそういいながら，錬金術師は大量の本を読み書きしていました。錬金術師の言動が矛盾に満ちているのはいつものことです。（ゲーテの）ファウストの言葉も思い出されます。「友よ，あらゆる理論は灰色で，生命の黄金の木は緑である」。私は父が夢で言ったことは正しいと思います。歌うことのできない精神(スピリット)を入れた鳥かごは投げ捨てて，新たに，日の照る外に出て，始めたいと思います［訳注：夢2の中で，部屋の中は暗く，外が明るいことを含んでの言葉］。

さまざまな文化の人たちと夢見について話し合う中から，世界中どこでも当てはまるいくつかの法則があることが明らかとなってきました。だからこ

れは，文化以前の，あるいは文化を超えた法則だといえます。

- 世界のどこでも，人が夢を見る時には，時間と空間の中で見る。夢を見ている間，私たちはみな，夢見の環境に取り囲まれている。
- たいていの夢では，自分が起きている（awake）とわかっている（know）。起きているかどうか考える（think）のではなく，ただわかっている。それは，これを読みながら自分が起きているとわかるのと全く同じ状況である。わかることの内容は間違っていると判明する場合もあるだろうが，夢でもお腹でわかるという状態になることには変わりがない。
- しばしば夢の中に他の人格があって，自分自身の内的な生活を持っているかのように振る舞う。これらの登場人物は自律的に振る舞い，感覚を持つ，生きた存在のように振る舞う。
- しばしば，夢の中で出来事が生じる。夢に出てくるさまざまなものは，これらの出来事を異なった観点から体験する。（たとえば，自分が犬に追いかけられる夢を見たときは，追いかける犬の体験と，追いかけられる自我との体験は異なる。）

これらの点では，夢は世界中同じです。その後，自分の文化の中で目を覚まし，すべてが異なってくるのです。

これらは夢見の基本的な法則なので，まず，夢見の観点から夢のワークをしてみようと思います。（この方法は私が夢と取り組む唯一の方法ではありませんが，夢に関することを行うときには，まず最初にとる態度です。）こう決めると，実際響いてくるものがあります。

この方向に進んでいった現代思想家としてジェイムズ・ヒルマン James Hillman がいます。1973年のエラノスでの印象深い講演，『夢と下界』（1979）がそうです。この講義の後の方でこの本を丹念に吟味したいと思います。（エラノスの講演のことをお話できるのは私としても嬉しいことです。というのも，私が河合隼雄教授と最初に出会ったのはこの会議でのことで，当時私はエラノス財団理事の助手をしていて，河合教授は私を日本に招いてくれました。ヴォルフガング・ギーゲリッヒ Wolfgang Giegerich［訳注：前年の京都大学客員教授でユング派分析家］もエラノスで講演しています。）

それでは，夢見の観点から夢をワークすることは可能でしょうか。厳密に

はそれはできません。どのような覚醒状態にあるにせよ，夢見の状態と同じ意識状態にあることはないのです。ここで少し脱線しましょう。（私がしばしば脱線することに気づかれると思いますが，私は脱線するのが好きなのです。）

　夢見は想像力（imagination）の産物です。アリストテレスはこう言っています。「想像力を働かせて優れた仕事ができる人物とは，類似を見分けられる人だ」と。（類似とは，何かと何かが似ていること，鏡に映すような模倣のことです。）心理学と心理療法における根本的な問いは，「それが何に似ているか」ということです。たとえば，「この人はマザーコンプレックスがある」といいますが，実際には，「この人は，マザーコンプレックスを持っているかのように振る舞っている」という意味なのです。無意識の存在であるがゆえに，定義上，無意識なものを知ることはできないのです。われわれは「かのように」（as if）という形で，知ることができるだけです。だから，私が夢を夢見の観点から見る，という時，夢を，夢見と類似した意識状態で見るという意味でいっているのです。この意識状態とは，入眠時状態（hypnagogic state）です。入眠時状態という言葉は，夢の実験研究に由来する言葉で，起きている状態と眠っている状態のちょうど中間の意識状態のことをいいます。この意識状態では，想像力に完全に取り囲まれるので，夢見が基本的には時間と空間の中で起きる体験であるという基準を満たすことになります。同時に，覚醒時の意識もまだ働いているのです。

　さらに，夢自体は，過ぎ去った時間と同じように，一度見てしまえば取り戻すことはできません。夢見の瞬間は反復できないのです。夢と類似した瞬間が繰り返されるだけです。この瞬間に近づくためには，記憶を注意深く使う必要があります。詳細な記憶を通じて，人は，自分がその夢の中にいるかのように夢見の環境を観察する。と同時に，入眠時の意識状態に入っていくのです。これからお示しする例で，それがどんなふうになされるのかがお分かりいただけると思います。

　その前に再び理論的な脱線をします。夢見の間，意識は多数あり，種々の異なった観点から体験をすることになります。犬の体験は，犬に追いかけら

れる人の体験とは異なります。夢主（dreamer；「私」とは異なる，夢を作り出している知られざる要因）は，追いかけられる自我と追いかける犬との両方を作り出したわけです。夢全部を生きるためには，夢を両方の観点から体験しなければなりません。夢のそれぞれの要素は，夢主の自己表現なのです。（夢主とは，夢の中に私たちを登場させるもととなる，知られざる創造主です。）ドリームワークの中で，この夢主のところに行きたいと思うのですが，そのためには夢主が作り出したさまざまな側面に入っていくことが必要です。これが，内的な模倣（interior miming）の過程で行われることです。夢に出てきた自分以外のすべてのものを真似るのですが，狩りに出かける前にアボリジニー［訳注：オーストラリア原住民］がやるようなやり方でそれをします。カンガルーの狩りに出る前に，彼らはカンガルーダンスをするのですが，もしカンガルーを捕まえたいと思うなら，カンガルー以上にカンガルーらしくならねばならない，さもないとカンガルーを捕まえられないから，と彼らは言います。同じようにわれわれは，夢に出てきたもののダンスをするのですが，椅子から離れずにそれをします。というのも，ドリームワークでは，夢を見ている時の手足が麻痺した状態も真似するからです。体を動かさないままやるのですが，この方法はわれらが始祖ジグムント・フロイト Sigmund Freud に負うものです。

　それでは自分以外の登場人物にどうやったら入っていけるのでしょうか。ここで自我についてもうちょっと脱線をしましょう。

　自我というのは意識の習慣です。それは，われわれが同一化している意識の習慣なのです。同一化によって，この意識の群に，主観的な体験が与えられるのです。離人症候群をみれば，習慣的な意識と，それへの同一化とが必ずしも結びついていない状態があることがわかります。離人症の人は，自分（習慣的な意識）があることはわかっていますが，主観的な体験を持つことができません。自分に同一化していないからです。アボリジニーのカンガルーダンスは，ちょうど瓶からラベルをはがすように，習慣的な自分への同一化を引き離して乖離させ，カンガルーに同一化できるところまでいきます。すると，踊っている人は，カンガルーであるのと似た状態を，主体的に体験

することになるのです。この乖離のプロセスは，錬金術的な過程であり，しばしば記述されるものですが，これについては次の講義で詳しく論じたいと思います。現代の俳優はこの方法をよく使います。これについても後で述べたいと思います。

夢3 （40代の，治療者で大学教授でもある人の夢から。グループで提示されたもので，やせた感じだが，最近大幅に体重が減ったとのことであった。）

「私は瞑想センターに入っていきます。10年間不規則に通ったところです。数人の人が立ち上がって部屋から出て行きましたが，たくさんの人々が入ってきて，雰囲気が変わります。向かい側，円の端のところに，チベット人の男性がいます。私から20フィートほど離れています。私の右側に女性がやってきます。アジア人ですが，チベット人のような中国人のような，はっきりしません。彼女は私の右手に針を刺します。このとき，私には熱気があふれてくるような感じです。火がついたみたいです。彼女が何をしたのだろうか，と心配になります。彼女は恐れることはない，と私を安心させようとします。それは私が求めていたことでもあります。怖いと感じていましたが。ともかく火がついたようです。とはいえ，彼女が正しいと思ったので，彼女のなすがままにそれを何度か繰り返してもらうことに同意します。彼女は何度か繰り返します。気がついてみると，彼女にとてもひきつけられています。彼女はある男性と一緒に出て行って，エスカレーターに乗っていきます。それで終わりです」

最初に，彼が夢を，細部も鮮明に思い出せるよう手伝います。彼は目を閉じて椅子に座り夢の記憶に集中します。焦点を集中させたこの状態で，夢をもう一度語ってもらいます。彼の記憶の助けとなるような質問をします。最初は短い答えしか返ってきませんが，徐々に詳しくなっていきます。記憶がはっきりとしてくるにつれ，夢見への焦点づけが入眠時の状態を生み出し始め，気がつくと再び夢の中の瞑想部屋にいるという状態になります。再びそれ［夢の時空間］に取り囲まれています。彼は，実際に観察しながら語っていくことになります。これは能動的想像と呼ばれるプロセスで，後で詳しく述べたいと思います。

「私がいる部屋は長方形の形です。床にはカーペットがあります。部屋は

広く感じます。5メートル×10メートルくらい。やり方が変わりました。人々とつながっていないような感じ。みんな出て行きます。出て行った人より多い人が入ってきます。今，混雑しています。より多くのエネルギー。チベット人の男が私の向かいに座っています。彼は教師です。力を，権威をもっています。黒髪で40代です。彼の姿勢から，彼が責任者で，命じる立場にある人だと感じます。私の右側に女性がやってきます。中国人かアジア人。普通の大きさで，私の方に近づいてきます。私は彼女と会うことになっています。すべて筋書き通りです。彼女に会う準備ができます。とても形式ばったように感じます。立ち止まってこの人と会うのが求められているようです。私は疲れます。彼女は近づいてきます。私は立ち上がります。右手を伸ばして彼女を迎えます。彼女は私の手をとり，持っていたこの針を私の手に刺します。彼女が刺した瞬間，私は動揺します。私の左半身が熱くなります。熱があふれてきます。熱が突然50度まで上がったような気分です。心配になります。怖い。恐怖が太陽神経叢から喉の方にあがってきます。急な熱に動揺しています。（彼が汗をかいているのが見えます。彼は熱を今ここで体験しているのです。顔は恐怖で歪んでいます。）とても強い熱です。手を引っ込めたいと思います。あまりに熱いので。どうしようもできません。動かすのも大変です。方向感覚がなくなってきます。火のように熱い。ウィスキーを飲んだように。針の中に何かあるようです。魔力です。彼らがそれを操っている。私の中にあるこの火はすべて，彼女から来ているようです。彼女にひきつけられるように感じます。彼女と一緒に火の中にいたい。今，それは喜びに変わりました。もっと欲しいと思います。それから彼女は部屋を出て行きます。見捨てられた感じがします。彼女が誰か他の人といるのを見て，がっかりします」

　さて，私は，夢見手が，夢自我の観点から女性の観点に移れるように手伝って，彼女の観点から見たらどんなふうに見えるかを見てもらいます。アボリジニーのダンサーと同じ方法で，まず動きに入っていきます。

　「彼女はどんなふうに動いていますか？」「猫のような動きをしています。最初はゆっくりと慎重に動きます。それから急に襲いかかってきます」。「彼

女の動きを感じることができますか？」「とても正確な動きです。彼女は，彼が針を刺してもらう準備が完全に整ったと感じます。彼は大きく開いた的のようです。針が彼の中に入っていきます。彼女は，彼の体に火が入っていくのを感じることができます。それが彼をどんなふうに変えていくかも感じます。針を通して彼に火が入っていきます。それはもう一つの呼吸のようです。それを二人で共有します。それは火の世界です。それ自身の生命を持つ，とても強力な現実です」

第 2 講
能動的想像

1913 年，ユング Jung は心理学の行方を変えるような体験をしました。『ユング自伝』(1961) の次の箇所を読んでみましょう。

> 1913 年の降臨節のころ——正確には 12 月 12 日に——，私は決定的な一歩を踏み出した。私は机に向かって坐り，再び私の恐怖について考えていた。そして，うとうととした。突然，床が私の足もとに文字通り道を開いたかのようであった。私は暗い深みの中にとびおりていった。私は恐怖感をさけることができなかった。しかし，不意に，あまり深くない所で，何か柔らかい，ねばねばした塊の上に着地した。私は全くの暗闇の中にいたようだったが，ほっとした。しばらくして目が暗闇になれてきた。それはむしろ暗い薄明の状態にあった。私の前には暗い洞窟の入口があり，そこにはミイラにされた皮のような皮膚をした小人が一人立っていた。私は彼とすれちがって，狭い入口にもぐり込んだ。そして，私は膝まで冷たい水に浸かって水の中を渡り，洞窟のむこうの出口に出た。そこには，突き出た岩の上に輝いている赤い水晶があった。私はそれをつかみ，もちあげるとその下に穴があるのを発見した。はじめ私には何も解らなかったが，そこには水が流れているのが見えた。そこには死体が浮かんでいた。ブロンドの髪で頭に傷のある若者であった。それに続いて巨大なエジプトの黒い甲虫が流れて来，深い水の中から続いて新しく生まれた赤い太陽が昇ってきた。光でまぶしくなって，私は水晶をもとにもどそうとしたが，そのとき流れが湧き出てきた。それは血であった。血の濃い噴射がとびはね，私は胸が悪くなった。血の噴出は耐え難いほど長い間続いたように思われた。とうとうそれは止み，幻覚は終わりとなった。

空想を把握するために，私はしばしば急な下降を想像した。私は底の底まで至るこころみを何回かしたことさえある。最初私はあたかも三百メートルも深いところに到達したかのようであった。二回目は私は宇宙の混沌の端にいた。それは月への旅行のようでもあるし，空虚な空間の中を下降してゆくようでもあった。先ず，クレータのイメージが現れ，私は死者の国にいるという感じをもった。異界のような雰囲気だった。崖の急斜面の近くに，二人の人影がいるのが目に留まった。白いひげの老人と美しい少女とであった。私は勇気を奮い立たせて，彼らが本物の人物であるかのように近づいていき，彼らが私に話すことを注意深く聴いた。老人は自分がエリヤであると告げ，これは私にショックを与えた。しかし少女は私をもっと驚かせた。というのも彼女は自分のことをサロメと呼んだからだ。彼女は盲目であった。サロメとエリヤ，何と奇妙なカップルであろうか。しかし，エリヤは彼とサロメは永遠に共にあるのだと私にのべたので，私は全く肝をつぶしてしまった。……彼らと共に一匹の黒蛇がいて，それは私にまぎれもない好感を示した。私はエリヤの近くにくっついていた。彼がサロメと黒蛇に比べてもっとも理性的で，明確な知性をもっているように思えたからである。サロメに対しては私ははっきりと懐疑的であった。エリヤと私は長い会話をかわしたが，それを私は理解できなかった。

　これは能動的想像が誕生するところです。この場面の形式的な側面について分析してみましょう。先週の夢3で見たように，後でさらに詳しく扱いますが，それは異界への旅なのです。ユングと［夢3の］夢見手とが体験している恐怖は，いずれも両者が必要だと感じている出来事が始まる時に感じられたものですが，とても似ています。もう一つの現実世界への旅立ちが実際に始まると，たいてい恐怖で満たされます。ユングの体験は落下の体験でした。彼はもう一つの世界に降りていったのです。彼が訪れた世界は，下の世界です。形式的には，意識が覚醒状態から入眠時状態へと落ちていくことに相当します。ユングは眠りに落ちていないことは明らかで，夢見のような体感の世界へと入っていったのです。

　「柔らかい，ねばねばした塊の上に着地した」。ユングはここで考えているわけではありません。思考の中では，足の下に柔らかいねばねばした塊を感じることはありません。ユングは，体全体を巻き込むプロセスの中にいるのです。この出来事の顕著な特徴は，それが体感されていることです。

「暗い薄明のようだった」とあります。着地後の最初の体験は，光の性質を帯びたものです。これは，能動的想像ではしばしば見られることです。光の性質は，しばしば，容易に見分けられます。「私は膝まで冷たい水に浸かって」いた。体験の部位が体の中で上昇しています。最初の体験は足でしたが，いまや，膝まで上がってきています。そして彼は赤色の光を見て，その石を持ち上げたとき，血が噴出してきたのです。それは圧倒的な体験だったので，彼は目を覚ましました。熱が上がってきた夢3のワークと非常に強い類似性が認められることに注目してください（熱と赤とには連関があります）。それは圧倒される体験で，ヴィジョンもそこで終わります。

「異界のような雰囲気だった。崖の急斜面の近くに，二人の人影がいるのが目に留まった……」。能動的想像の体験は異界への旅の体験なのです。ユングは空虚な空間の中にいるのではありません。これらの人影と出会っている間，はっきりとした特徴を持つ環境の中に彼はいるのです。思考の中には環境などありません。想像には，身体で体験することのできる環境があるのです。一つの場所です。

「私は勇気を奮い立たせて，彼らが本物の人物であるかのように近づい」た。ユングがここで行っている動きは，想像を働かせる人には不可欠のものです。彼はこれらの人影に「かのような」という方法（"as if" manner）で近づいています。それらを実際の人間に類似させています。先週言ったように，類似による接近は，心理学を哲学や形而上学から隔てます。ユングは彼らが実際の人間だといっているわけではないのです。そういってしまえば，形而上的な物言いになってしまいます。そうではなくて，実際の人間である「かのよう」だといっているわけで，それは鏡に映った姿と同じようなものです。ユングは経験ある心理学者のような態度をとっています。だから，ユングは幻覚を見ているわけではないのです。幻覚では「かのように」という部分が完全に脱落してしまいます。幻覚と能動的想像の違いは，肉体を持った人物と鏡に映った像との違いです。アンリ・コルバン Henry Corbin は――彼については後で詳しく述べますが――こう言っています。この異界，コルバンが創像的世界（imaginal world）〔訳注：単なる想像と区別するために

創像という訳語を充てた］と呼ぶもう一つの世界，の住人は，鏡もないのに映し出される鏡像のようなものだと。

「しかし少女は私をもっと驚かせた。というのも彼女は自分のことをサロメと呼んだからだ。彼女は盲目であった」。ユングの体験は，視覚を働かせている人が驚かされるという体験でした。サロメの方は，若い女性で，自分の名前を名乗るけれども目が見えないというものでした。彼らの意識状態は相当異なります。前回の講義で，能動的想像は多数の意識から構成される，と話した時に言いたかったのはこのことです。両者の観点の違いは，夢3の夢見手と猫のような動きをする「針を刺す女性」との間の違いと同じです。その本質を見るなら，一方は猫のようであり，もう一方は盲目だということになります。ユングは盲目の女性には疑念を抱いています。もし自我の観点にだけ同一化するなら，他者の価値を完全に失ってしまうでしょう。イメージ全体を生きようと思えば，彼らの体験に入っていかなければならないのです。

「……彼らが私に話すことを注意深く聴いた」。ユングは創像的態度をとって彼らの観点を注意深く心に刻もうとしています。

このことを夢3に当てはめると，夢3を3つの異なる側面から見ることができます。最初に，前回述べたように能動的想像を使って夢と取り組みました。このようにして，創像的な観点に留まり，覚醒時の概念やイメージをそれに押しつけないようにしました。外からの素材を可能な限り持ち込まないようにしたわけです。2番目は夢をメタファーとして見るという側面です。そして最後の側面は拡充であり，それを他のイメージと比較します。類似という作業を行うことになります。

夢をメタファーとして見ると，夢見そのものからは離れ，自分自身からも距離をとって，天文学者が星座を見るような感じになります。異界を，距離を置いて眺めることになるのです。そうすると，夢の世界の中にいるだけでは気づかないような要素が見えてきます。夢3をメタファーの側面から見るならば，変化が生じていることが見えてきます。部屋から出ていく人と入っ

てくる人とがあるからです。存在の中の何かが出ていき、変化が生じて、彼は充電されたかのように感じます。これが「猫のような女性」と熱の体験につながるのです。リビドーは上昇し、それが女性に魅力を感じることとして現れて、ついには熱の世界、充電された存在の世界へとつながるのです。別の世界も女性を通して入ってきます。女性は彼を別の世界とつなげるものであり、彼女自身、異国の人です。別の世界から来た人です。（白人のアメリカ人にとってアジア人の女性は異国情緒あふれる存在です。）異界への入場は針を通してであり、それは鍼療法(はり)のことを思い出させます。それは気の流れに関係するもので、この気の流入こそ彼に起こったことです。彼は受身で、異国の女性のほうが能動的です。気は異国の側から入ってくるのです。しばしば、生命エネルギーとのつながりは、異性愛の人にとっては女性を通じて生じます。ユングはその女性をアニマと呼んでいますが、ユングの能動的想像ではサロメがそうです。

ここで拡充に移りましょう。拡充は、あるイメージを拡大するために別のイメージと比較することです。音の比喩で言えば、イメージが互いに反響しあうと、音が大きくなって、イメージの中の意味という音が聞こえるようになる。夢全体を、ユングの能動的想像を用いて拡充することができるのです。

夢4　（放埒（fast）な生活をしている女優、K.ホワイトの夢。彼女は生の方向感覚を見失っていた。）

「私たちはステージの上にいます。夫のBと私とです。『一人は白人、一人は黒人』という歌を歌っています。そこに黒人のDがいます。笑っています。私には聴衆は見えません」

「B（夫）と私はマイクのすぐ側にいるようです。そんなに離れていません。Dは左側にいます。笑っています。私たちはBとの関係について歌っています。Dは大きな黒人で、大地を体現したような人です。強くて、シンプルな生活様式。彼は夫と仕事をしていて、彼らの間には言葉にはならない独特の関係があります。歌については、私は自分の声を失ったように感じます。自分の声について今、危機的な状況にあると感じています。女優にとっては一大事です」

再び夢に入っていきます。「ステージの後ろは暗いです。聴衆も暗い。高いステージです。Bと私はとても近いと感じていて，体は触れています。私の声には問題ありません。腹からのとても力強い声が，骨盤の底から上がってくるようです。それを足に感じられます。足は力強いです。一緒になって歌っています。リズムは早くなっていきます。私は中心と足場を失います。軽く感じます。マリオネットのように動きます。体が浮かぶような心地です。Bにとってはこのリズムはとても自然です。歌は私たちの両方から聞こえています。しかし彼の方が中心にいます。速さ（fastness）が私を消したのです。頭が下がってきて喉から胸まで落ちます。私は自分の声を失うのが心配です。私は腕をBにまわしています」

観点を移します。「あなたは腕の下に彼を感じることができますか？」

「彼は歌っているときはとても平静です。彼は音楽の中にいます。自分の歌を歌っています。とてもくつろいでいる。彼は自分の足ととてもつながっている感じがしています。この早いリズムの中で彼がどうやって足とつながっているのかを私は感じることができます。彼にとってはとても楽しいようです。音楽は彼の体全体から出てきています。彼の骨盤から上がってくる。彼は暗いものと，Dの黒さのようなものとつながっている。喉は首の太さほども広がって，私，K（夢見手）は浮いて飛んでいってしまうような感じがしています。私はマイクを掴んでいなければなりません。方向を見失った感じがします。喉が閉じてしまって，常に喉が痛いような感じで，本当に痛みます。頭が再び落ちています」

ボスナック：喉を感じているときに，同時にBの骨盤を感じることができますか？

K：まだ喉の痛みを感じられますが，呼吸をすることができます。リズムに脅かされなくなりました。リズムを感じることができます。

このドリームワークでは，二つの対極にある感情（一人は白人，一人は黒人など）が見えます。それは夢自我と夫とによって演じられているものです。二つの実体が同時に感じられるなら，これは超越機能の引き金となりますが，

それについては次回お話しましょう。超越機能とは、ユングが1916年に初めて使った言葉ですが、対をなす対立物は、もし同時に抱えられ、エネルギーが両者共通の根元まで注ぎ込まれると、そこからいずれの極にも属さない第三のものが生まれてくるという傾向のことです。第三のもの、tertium、という概念は、錬金術の中心的なテーマの一つです。

第3講
第三のもの、錬金術の観念

ユングは、1916年の論文で超越機能について書きましたが、それはユングが錬金術と出会う前のことでした。錬金術に関する事実上最初の論文は、精神分析家ヘルベルト・ジルベラー Herbert Silberer が1913年に書いていますが、そこでは錬金術のイメージと精神分析の実践との間のさまざまな類似性が指摘されています。しかしユングはこの論文にはあまり関心を持ちませんでした。彼が実際に錬金術に直面したのは、1925～6年のことでした。「超越機能」(1916) というユングの論文は、彼が能動的想像を始めるようになってから書いた最初の論文の一つです。彼が書いたもう一つの論文は、心的エネルギーに関するものでした。超越機能に関する短い論文も、錬金術と出会う前に書かれたものですが、彼の最初の錬金術論文とみなすべきでしょう。というのもそこでは対極性、対立物の問題が扱われているからです。これは晩年の二つの傑作、『転移の心理学』(1946) と『結合の神秘』(1955-1956) へと実を結ぶことになりました。この二つの畢生の大作、ユングにとっての『ファウスト』は、本当は一冊の本でしたが、あまりに分量が多くなるため、二つに分け、『転移の心理学』を『結合の神秘』の導入としたのです。ユングの著作の中でも甚大なる影響力を持つこの作品に関する議論は、私の一連の講義の中心をなすものですが、というのも、それは、深い想像が実際に働くところを垣間見せてくれるからです。ユングが『結合の神秘』を書いていた時には、重篤な心臓発作をわずらった後で、一般の人にもわかるようにゆっくりと筆を進めるような気分ではありませんでした。だから、それを理解するためには、それに先立って書かれた錬金術に関する著作、特に

『転移の心理学』と，錬金術そのものを研究しておく必要があります。この大作を学ぼうとする人がほとんどいないのはそのためです。この現象は，アインシュタイン Einstein の一般相対性理論と特殊相対性理論を無視してアインシュタインのことを学ぼうとする姿勢ともいえるでしょう。私がチューリッヒのユング研究所を卒業する前に，評価委員会の委員のもとに訪ねていって，最終試験を受けるにふさわしいか，独立して分析家としてやっていけるかの評価を受けなければなりませんでした。なぜ卒業試験を受ける準備が整ったと感じたのか，と尋ねられた時，私に迷いはありませんでした。何年にもわたる分析とか，精神病院での何時間にも及ぶ仕事，スーパーヴィジョン，研究所における私自身の研究については何も触れませんでした。最初に私の心に浮かんできたことは，『結合の神秘』を自分独りで学ぶ準備ができたと感じた，ということでした。1977 年，29 歳という円熟の年に私はユング研究所を卒業し，それ以来，『結合の神秘』を，神秘を，自分で研究してきました。

　この一連の講義で考察する錬金術の中心的テーマとは，錬金術の物質それぞれの要素が，それ自身の中に，その対立物を含んでいるという概念です。これは道教における陰と陽の理解と似ているところがあります。道教によると，陽の光の力はその中心に陰の黒い種を宿しており，陰の闇の力はその中心に陽の明るい種を宿しているからです。これは，ギリシアではエナンティオドロミアと呼ばれました。エナンティオドロミアとは，力は，極限まで達すると反転するという法則です。だから，魅力はその限界に達すると反発となり，収縮は拡大に，闇は光に，平和は戦争に，女性性は男性性になり，その逆もまた起こるのです。実際，そしてこれが超越機能に関する論文の中心にあることですが，あらゆる状態において，両方の極は同時に存在するのです。とはいえ，一方の極はしばしば意識されていません。先週の夢に戻れば，K は自分の声を失ったという感覚の中にだけ自分の声を見つけることができました。声を失ったという感覚が，彼女の声なのです。日常生活の中で，彼女は夫を，何でも自分のリズムでできる人と見ていました。一方，彼女自身は調子を合わせることができず，自分の声を失っていたのです。この状況で，

憤りの感情が夫に向けられ，夫の生活スタイルが自分の声を失わせたという非難が容易に起こりうることは想像に難くありません。これはしばしば，対極性の問題が頭をもたげ，人々が対極化されたことの最初の指標です。これは最も頻繁に見られる傾向であり，離婚へ急降下となります。セラピーでは，際限なく続く非難，配偶者や両親への非難にそれが見られます。60代になっても，自分の不幸の原因は両親にあると非難し続ける人々ともワークしました。もちろん彼らにも一理あります。絶え間なく虐待を受けた愛を知らない子ども時代を過ごした人は，暢気な大人とは通じ合えないでしょうから。その一方，どこかで，両親は自分の宿命となります。つまり，自分の感覚が前に進むのに反対する，対立する力の権限となるのです。そうなると，両親は，子どものときに一緒に暮らした人ではもはやなく，対立物の元型が現れたものとなって，われらの成長を破壊するものと映るのです。自我は（癌ほどではない程度の）成長と同一化するのを好みます。アメリカの心理療法で最もよく使われる言葉は「成長」です。その場合，誰にでも内在する破壊の力は無意識となり，投影されることになります。アメリカの成長への同一化は，その本性上，破壊的なのです。というのも，解体は成長に内在するからで，それは陽の中の陰ともいえます。

　対極の概念それ自体の中に，同一態の核，類似性の核があり，そこで両者は一致します。牛とりんごはただ違うだけで，対立物ではありません。というのも，それらには共通するところがないからです。しかし，雄牛と牝牛は対立物です。というのも，牛という性質を共通に持っているからです。同じように，男性と女性も対立物です。両方とも人間だからです。猫と消火ホースは対立物ではありません。共通するところがありませんから。たとえばKの夢で，声と声の喪失は，共通の場を持っているので対立物といえます。喉では，片や収縮し，片や首の太さほども広がり，足では，片や固く地面に足を下ろし，片や宙に浮いています。これが夢の中で同時に体験される方法は，二人の異なる登場人物，Kと夫，白人と黒人，が体を持つ（embodiment）点にあります。その間にあるマイクロフォン，媒体（medium）こそ，両者の一致する，第三のもの，Tertium，なのです。

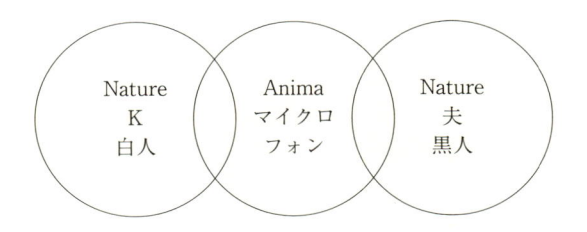

```
  ( Nature )   ( Anima  )   ( Nature )
  (   K    )   (マイクロ)   (   夫   )
  (  白人  )   ( フォン )   (  黒人  )
```

図1

　Tertium という言葉は三番目を意味するラテン語に由来するものです。多くの西洋哲学では，「第三のものは存在しない」という言い方がなされます。これとあれがあるだけです。たとえば，あるのは物質と精神だけで，第三のものはありません。氏と育ちだけで，第三のものはありません。錬金術はこれに強く反対します。錬金術師は第三のものを強調し，それをアニマと呼びます。自然を媒介する魂（anima media natura）。二つの自然の間にある魂(ソウル)こそ，それを一つにつなぐ媒体，鎖，「絆」，なのです（図1参照）。

　アニマは媒体(メディア)です。この頃，世界はメディアにあふれています。アニマはマイクロフォンの中にあります。「超越機能」の論文が述べるところによると，両方の極が意識の中で一定期間同時に保たれると，心的エネルギーは，対立物の底にある同一態の根まで降りていくことになります。全く新しい存在状態が現れてきます。声でも無声でもない，声でも無声でも同時にあるような状態で，それ自体全く異なる何かです。この錬金術における第三のもの（Tertium）はヘルマフロディテ，両性具有と呼ばれることもあります。それ自身に男性と女性の両極を含み，それ自体全く異なる，独自な，それだけで独立した種（sui generis）をなす存在であるのです（図2参照）。

なぜ錬金術は心理療法にとって大切なのか

　現代人のイメージを理解するために，どうして科学史の中でも錬金術という辺鄙な袋小路を研究することが必要なのでしょうか。

　最初に言ったように，想像力によるあらゆる作業の中心をなす要点とは，類似を見る能力です。観察しながら，それが何と類似しているか考えます。

図 2

現在,最もよく使われる類似は,子ども時代に求められるもので,発達心理学と呼ばれています。発達心理学は,準一因果論的なメタファーの体系で,現在の出来事を説明するために想像された子ども時代が使われます。準一因果論的というのは,「かのような」因果関係という意味です。次の一点を明確にしておきましょう。心理療法においては,真の因果関係は常に不明です。因果関係というのは狡猾な原理です。最も簡単に理解できる因果関係を取り上げてみます。ビリヤード台の上のビリヤードの玉の動きについてみてみましょう。ここでは,一連の因果関係に従って理想的に力が伝わり,最初の玉の強さと角度からその動きは簡単な数学的な計算によって記述可能です。ただし,物理学者は,あらゆる摩擦を取り除いて,玉が永遠に動き続けるものとして計算しますが,数学的な因果関係を用いた時は,1分ほどの玉の動きを予測できるだけです。それ以後の玉の動きは,思いもよらない知覚不能な揺らぎのために,予測不能となるのです。

このように,あらゆる状況の中でももっとも因果的と思われる事象でも,1分以上は論理的な因果の鎖を辿ることが不可能だとするならば,われわれ心理療法家は,20年,30年,あるいは40年以上も前の幼年時代のことについて話し合う時に,本当の因果関係を扱っていると,どうして信じられるで

しょうか。発達心理学について話す時，扱われているのは因果関係そのものではなくて，因果関係のイメージ，準－因果関係なのです。しかしながらほとんどの心理療法家は，準－因果関係を扱っているということを忘れ，真の因果関係を扱っていると信じています。物理学者（量子力学者を除きますが）が真の因果関係を見ることができるのと同じことをしていると思っているのです。想像された因果関係のレンズを通して患者を見ることは，色眼鏡を通して見ることになります。

それでは，錬金術の観点は発達心理学の準－因果論的な観点とどのように違うのでしょうか。錬金術的心理学は，心理学の中でよく見られる二重の世界，氏と育ち，DNAの世界と社会的環境の世界との間に，創像的な世界があると主張します。この両者の間にある世界を，アニマ，ソウルと呼びます。アニマとはイメージが体を持ったもの（embodied）であり，メタファーとしての体でもあります。Kの夢では，声のイメージは喉で生かされているので，喉が声の通路に対するメタファーでした。錬金術的心理学は，体とイメージが一致する場所なのです。

錬金術的心理学のもうひとつ重要な点は，それが準－因果論的ではなく，発達心理学に見られる類の，先行するものに原因を求めるのではなく，それに影響を与えるのは，なるべき必要のあるもの，未来へ向けられた試み，エンテレケイア［訳注：質料が形相を得て完成する現実］，各自が持っている個性化過程だという点です。個性化過程とは，ほかのものも省みず，それが期待されるあるべき姿になるための盲目的な衝動のことをいいます。鶏の卵は鶏になるのであって，亀にはなりません。それぞれの個人が，自分の未来の種を宿しているのです。

次回は錬金術的な個性化過程の諸相について話しましょう。

第4講
個性化の原理―自己への衝動―世界創造の力

1598年，一連の錬金術に関する論文が一つの書物になりました。ドイツ

語で書かれたその著書は，サロモン・トリスモジン Salomon Trismosin という偽名の著者が書いたもので，"*Splendor Solis*"（1991，『太陽の光彩』）と呼ばれ，錬金術の伝統に深い影響を及ぼしました。これは，これからわれわれが取り組む錬金術の一次文献の一つですが，その前にユングの錬金術に関する業績を詳しく見ておきたいと思います。ユングの仕事は，錬金術の二次文献といえます。つまり，錬金術に基づいて書かれたものですが，伝統的な錬金術そのものではありません。『太陽の光彩』の第一論文は，次の言葉で始まります。

　哲学者の石（philisopher's stone）は，緑をもたらす自然によって成し遂げられる。……この石は，成長しつつあるもの，緑になりつつあるものの中に育ち，それゆえに，緑のものは再び自然な状態に還元される。

「緑になりつつあるもの」に対して使われているドイツ語は "grünennden" という能動態で，文字通りには「ものを緑にする」という意味です。自然の中の緑にする力は，周囲のあちこちに見られます。春の力がそうです。錬金術師は，この緑にする力を得て，それを石の中に固定することを目指しました。これがなされるためには，今ある形を壊し，それによって，緑にする力，自然の中にある種子の精髄が抽出されると考えました。この春の力は「針の夢」（夢3）にも見られ，その夢には，元気回復の精髄，火の世界への入場という側面があります。

　それでは，上述の『太陽の光彩』というテクストは，ドリームワーク一般とどのような関係があるのでしょうか。ドリームワークという単語は，ドリームとワークという二つの言葉からなる造語です。夢（ドリーム）を材料と見なす作業（ワーク）です。フロイトは dream-work という言葉を使いました。ハイフンでつながれたこの言葉は，夢見の心〔マインド〕が潜在内容を顕在内容に変換するために行う作業のことを指していて，これは，無意識的な過程であって，フロイトが仮定したセンサーをすり抜けるものです。フロイトは，夢見の仕事は睡眠を保持することだと言いました。夢見手は夢の潜在内容を直視すると決まって目を覚ますことになるので，dream-work によっておと

り・偽装が作り出されるのです。そのプロセスはイメージの構造の中で自然に起こるものであり，凝縮，置換，退行，擬古（archaisation），象徴化，重複決定，反転，歪曲などがあります。私はユングと同じく，夢は自己－表現であり，それ以外の何ものも指し示さないと考えます。潜在と顕在という言葉を使うなら，潜在するものは顕在するものの中にあり，それと異なるものではありません。ハイフンでつながれていない一語の「dreamwork」は，一定の方法論に従った作業を夢という材料に意識的に行うことを指します。ドリームワークは根本的に夢見そのものとは違います。夢を模した雰囲気，環境で，夢を模した意識状態にして行うのですが，それ自体すでに，最初の創像的（imaginal）な材料になされた作業の産物です。ドリームワークは自然な夢見ではありません。自然な夢見になされる作業です。ドリームワークは，一つの作業，アートによる作業を指しているのです。

　私は，夢が，人間存在の文脈の中で生じる最も奇跡的な創造行為の一つであると信じています。一例として，とてもうんざりするような夢を一つ取り上げて見ましょう。自分の夢が全くもって創造的ではないとひどく不満に思っている女性が見た夢です。彼女の友人たちはみな，創造的な夢を見ている，と彼女は言います。友人たちは不思議な状況の中で洗練された筋をもつ夢を見るのに，彼女が見たのは食料品を買う夢でした。「たとえば昨晩も，店に牛乳の瓶を買いに行く夢を見ました。それだけです。それで夢は終わりです」。私は彼女に食料品店について尋ねました。いつも買い物をする店に似ているけれど全く違い，すべての通路が違う場所にあるとのことでした。さて，想像してみてください。1秒の何分の一という短い間に，夢見の能力が，一つの世界全体を創り出したのです。以前は全く存在しなかった知られざる世界，全く別の世界が創られたのです。一瞬のうちに，知らない通路，製品があって，一度も見たことがないような人々が店の周りを歩いているのです。牛乳には重さや匂いがあり，触れると冷たく感じられます。明かりは，店のそれぞれの場所で異なる明るさになっていて，音も聞こえます。――要するに，創造の状態が続く間は，それは世界全体なのです。創造が止むと，夢は終わります。それが奇跡ではなくて，何だというのでしょう。どんな映画製作者

も，たとえ何百万ドルを自由に使えたとしても，夢見手がふと気がつくと牛乳瓶を買っていた時のようなリアルな世界を作り出すことはできないでしょう。それなのに，彼女は夢をそのようなものとして見ない。この，絶え間なく続く創造という即時の奇跡を，うんざりするものと彼女は見るのです。それがうんざりするものに見えるのは，彼女の外的な生活が反射して見えるからで，独特で完全に人の手の加わっていない（wild）創造としては見ないからです。実際はそうなのですが。もしこの創造的な力，世界を創造する精髄を利用するなら，哲学者の石を見つけたことになるでしょう。神の創造的な力の種を指先に宿したことになるでしょう。このようにして，錬金術がドリームワークの始祖になるのです。それは，今たまたまもっているにすぎない形を壊して，世界を緑に変えるような力を解き放ち，そうして錬金術師は世界創造の師となります。ドリームワークでは，夢を料理して世界を創造する精髄を抽出し，それによって夢見手（夢見の力）が自分の作業(ワーク)を行うのです。

　クライエントが，とても人が住めないような世界で生きていかなければならない，とわれわれのもとに訪ねてきたとしてみましょう。夢見を促すような世界創造の力をクライエントの指先に置くことができるとすれば，どれほどの力を彼らの手に入れさせることになるでしょうか。これは，私が追い求めている錬金術的な探求です。それがいかになされるかを見るために，夢5を見てみましょう。

夢5　私は通りに立っている。たくさんの家がある。なじみの人たちがいる。私はジェニーと歩き始める。私は水辺まで歩いてくる。海のようだが，［湖のように］囲われている。蛙が飛び出してきて，通りを飛び跳ねている。人々はそれをうるさいと思っていた。私は何か悪いことが起こるという予感がする。デニスがそれを飲み込む。皆が笑うが，私は怖くなる。私は消化の場面を想像する。──冷たい場所──殻が溶ける場所。人々はそれを亀と呼んでいる。

夢の冒頭部分はこうです。

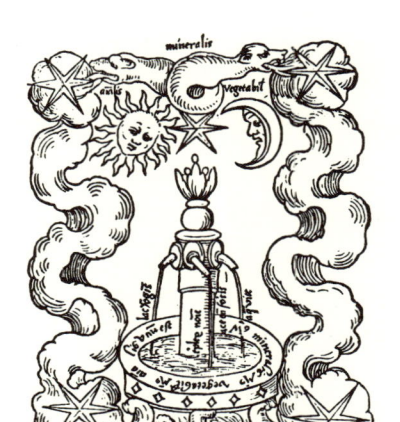

図3

私は水辺まで歩いていく。海のようだが，容れ物に入れられている。

『転移の心理学』（みすず書房，1994）の中でユングが論じている一連の錬金術の木版画は『哲学者の薔薇園』とよばれる書物から引用したものですが，この書物は1550年に印刷された錬金術の著書で，おそらく中世錬金術の知識の概要を示すものとして最も重要なものです。後に『薔薇園』の一部を錬金術のもう一つの一次文献として学ぶことになります。それは，京都のコンビニエンスストアでも手に入るような，錬金術的なストリップ漫画から構成されています。錬金術師たちは日本人やアメリカ人と同じく，漫画を好みました。スーパーヒーローは王と王妃です。

第1図が示すのはメルクリウスの泉，ドイツ語ではMercurbrunnenです（図3参照）。

ユングはこう書いています。「下方の容器はヘルメスの容器であり，その中で変容が起こる。その内容はわれらが海であり，……それは暗い海，カオスである」

ここでは，夢5で見られたような，容れ物に入った海が見られます。そのカオスの中に，あらゆる未来の可能性が含まれています。それはまた，胎児

を育てる子宮とも呼ばれています。それは個性化の原理，自己への衝動であり，錬金術的な変容のプロセスの核心にあるものです。この自己への衝動は，変容する物質の初期状態であり，硫化水銀，マーキュリーです。この初期の形態，一種の受胎した羊水，妊娠した受精の力の形では，墓の悪臭を放つといわれています。高校の化学の実験で体験したような硫黄化合物の，卵の腐ったような臭いを思い出してみてください。ここは，悪臭漂う暗黒街の英雄がするような，王と王妃が交合する場所なのです。

再版されたテクストにはこうあります。

　最初になされるべき錬金の術（Art）は溶解である……物体（body）は水に変えられる……。水銀はそれと結合している硫黄を解き放つ。この分離は殺（mortification）にほかならない……。腐敗は……物質を黒くする。

夢5のドリームワークに移りましょう。

夢見手はワークの中で「早春だ」と言います。あまり色はついていないと彼女は言います。緑になる最初の状態にいるのです。風景はみすぼらしくて，『太陽の光彩』（図4）に見られる，荒れた風景のようです。最初に感じられた感情は分離の感情で，個人的なレベルでは，それは離婚を指しますが，錬金術的な底流をみるならば，それは，硫化水銀が水銀と硫黄に分離するという本性，殺のプロセスに属すものです。殺のプロセスにより自分が殺されたように感じられ，恥の状態になります。殺す時期ともいえます。湿った感情は硫黄の熱で燃やされて殺されるのですが，蛙が胃酸で消化されるのと似ています。

最初に報告された感情は，無価値の感覚です。前の講義で述べたように，錬金術は対立物のペアの形で進みます。錬金術というのは価値の創造，金を作ることなので，この金はその対立物である，まったく価値を奪われた状態，無価値から生じなければならないということになります。無価値の感覚は，金を作るための第一質料なのです。

最初に体験された身体の部位は胃です。それは，亀－蛙の消化の場所として後でもう一度振り返ることにします。

図 4

　もうひとつ報告された心理身体的な現象は心臓の空虚な体験です。繰り返しになりますが，ワークが目指す全体性という観点からは，空虚な感覚からのみ成し遂げられるものです。

　蛙の目は狂わんばかりで，それは混沌の状態にある心の表現であり，『薔薇園』で述べられているメルクリウスの泉という最初の状態でもあります。心理身体的にそれに対応するのが，空虚な心臓を締めつける捻れであり，それが窒息するかのような感覚へと進展していきます。これは後で，攪拌する海洋のイメージの中に戻ってきます。

　「ジェニーと私は一つの体だ」と夢見手はいいます。二つの体が一つになることは，『薔薇園』の漫画に描かれている中心的な錬金術過程です。最初の表れは，自己（母の一部としての娘）との同一化で，最後には，他者との同一化となります。デニスは肩まで水に浸かっています。これは新たな王の到来のために，水におぼれさせられる必要があった古い王の物語と類似するものです。古い相手は新しい相手が入ってくる前に腐敗分解する必要があるのです。

デニスにはそのつもりはありませんでした。プロセスの始動は，意図によるのではなく，偶然に，無意識によるものです。第一質料は，意図を超えた力によって構成されるのです。個性化の原理は意図を超えた衝動であり，最初は，従わざるを得ない盲目的な衝動と感じられます。

生きたまま食べられるかのようで，燃やされる……。寒くなる。

硫黄は古い自己を侵食します。殺し，死んでいく。ここに初めて，対立物の一致が見られます。矛盾を孕んだプロセスが，初めて顕現します。つまり，燃焼が冷たく感じられる。冷たく感じられる燃焼とは恥です。彼女は恥によって殺されたのです。彼女は恥で死につつあります。彼女は恥によって破門されたのです。

恥は名誉の対立物です。錬金術的なプロセスは，最高の名誉，智慧，神の王座に通じます。錬金術的な言葉を使えば，名誉は恥から作られねばならない。恥による侵食は智慧の始まりなのです。

破門（excommunication）の反対は共有（communion），一つになること，結合です。対立物の結合，神秘的な結婚は，破門から作られるのです。

第5講
黒——水と死

今回と次回の講義では，黒という色に関連して，ジェイムズ・ヒルマンのエラノス講演『夢と下界』（"*The Dream and the Underworld*"）という論文にしばしば言及することになります。その後で，白という色に関連して，ジェイムズ・ヒルマンの『銀と白い土』（'*Silver and White Earth*'）という論文を読んでおいてください。皆さんの中で意欲ある方がおられましたら，ユングの『結合の神秘』（人文書院, 1995/2000）を読み始めてみてください。というのは，それがこの一連の講義の中心的なテーマとなるからです。私の"*Tracks in the Wilderness of Dreaming*"（1996）と"*Christopher's Dreams*"（1997）も読んでいただけたら，と思います。この一連の講義の中では特に前者が大切です。

錬金術の起源に関する質問にお答えして，次の5つの源を挙げておきました。

- 古代エジプトのミイラ作りの技術。エジプト人は身体を永遠に保てる状態にして保存することへ関心を持っていたが，それが錬金術においては，死を超えて自然の永遠の精（eternal spirit of nature）を探求することに反映されている。
- 鍛冶屋の技術と火を扱うさまざまな方法。火の使用は自然に内在する過程を促進するが，多くの錬金術の論文で記述されている。特に，これから読もうとしている『太陽の光彩』にはそれが目立つ。
- 占星術と時間の質的な概念。この概念によると，一瞬一瞬がそれ自身の精をもち，独自の性質を持つ。時間は，量的なもの，われわれが思っているような，時計が同じように刻んでいくものではない。各瞬間が宇宙的な力の特定の相互作用の表れである。天の惑星は大地にその種を持っている。太陽の種は金，月は銀，土星は鉛，木星は錫，金星は銅，火星は鉄，水星は水銀。
- 自然の衝動のくみあわせによって，すべてのものが最高の価値に到達する，すべてのものが実際，金に変わる。各個人が，それ自身となり開花する衝動。すべてが生き，育ち，そして滅びるという確信。
- 古代ギリシア（紀元前500年ごろ）の自然哲学者。彼らは世界を作っている基本的な物質（archon）を探し求めたが，特にヘラクレイトスの対立物の法則は注目される。

ヒルマン（『夢と下界』p.257）は，ヘラクレイトスが魂を自分の第一原理に取り上げたというアリストテレスの言葉を引用していますが，そうすると，ヘラクレイトスは西洋文化における最初の心理学者といえるでしょう。

ヘラクレイトスは，対立する力の間の戦いが万物の父であるとみなしました。すべてはそれと対立する物に変わり，唯一変わらないのは変化することくらいです。続いて彼は，魂にとって水になることは死であると結論しました。彼は言います，「起きている間に見るものはすべて，死である。眠っている間に見るものはすべて，夢である」。フィリップ・ウィールライト Philip Wheelwright というヘラクレイトスの註解者はこう補っています，「はっきりと大胆に，死は誰にでも訪れるという永遠の事実を見つめること——そうして，見慣れたものが死に，見慣れない何かが生まれる——それによっての

図5

み，自己欺瞞の網から逃れることができる」。

　このテーマは『哲学者の薔薇園』でも取り上げられていて，さらに，ユングの『転移の心理学』の水への溶解とその後の死に関する章でも取り上げられています（図5参照，浴槽に浸かること）。

　この図では，裸の王と王妃がまさに浴槽に入ろうとしているのが見えます。この浴槽は，すでに先の講義で見たとおり，メルクリウスの泉の下方にあった容器と同じものです。それは哲学者の海であり，混沌とした状態にある硫化水銀です。王と王妃は対立物一般を示しますが，今やお互いに惹き合う状態になっています。同時に，このお互いが惹き合う状態で，下方にある存在の始原，子宮へと引き下ろされます。錬金術師は「これらの二つの体から，かの石が抽出されるのだ」と言います。

　私はこれを，転移とドリームワークのことを示唆しているものとして見てみたいと思います。転移という言葉で私が言おうとしているのは，共有された状態，治療者とクライエントとが置かれるような状況のことです。もしエロス的な転移を錬金術の観点から見るなら，それは，治療者とクライエントとの間の性的な引力のことだけを指すものではありません。それは同時に，両者が存在の始原へと引き下ろされ，自分のアイデンティティを失って，二

人の体から第三のもの、かの石が抽出される様子も示しています。このエロス的な転移こそ、両者の境界を溶かし、混沌へと回帰させるものなのです。転移がとり得る多くの形態の中でも、エロス的な転移が特別な位置を占めているのは、それが通じている下方の深みでは、誰が誰だかわからなくなり、混沌に飲み込まれて治療の理性的な目標など吹き飛んでしまうような混乱した状況になるからです。（以下に論じるように、魂は深みを、下に行くことを、好みます。）治療においてこれが意味することは、エロス的な転移が生じてきた時にはいつでもどこでも、それを注意深く意識の中に保たねばならないということです。これらは不快に感じられる聖なる瞬間であり、深みにおいて感じられねばなりません。治療者は、自分の身体感覚を深く自覚している必要があります。というのも、体とエロス的なものとは密接に結びついているからです。錬金術にとっても、治療的努力においても、エロス的転移が重要であればこそ、禁欲原則のほとんどがエロス的状況に関するものとなっているのです。われわれは患者と寝てはなりません。それは不道徳だからでも権力を乱用しているからでも、セクシュアル・ハラスメントを行うことになるからでもありません。患者と寝てはならないのは、それが、重大な錬金術的誤りを犯すことになるからで、それは不道徳よりもさらに悪いのです。それは個人的なものと元型的なものの混同です。王と王妃とが互いに惹き合う力は、個人としてのクライエントと治療者に関するものではありません。それは、彼らの体として現れている（embody）対立物が惹き合う力なのです。禁欲原則によってエロス的転移が流れ始め、融合が生じるようなところまで熱することが可能となるのです。融合は注意深く扱われるヘルメスの容器の中で生じます。この心理的な結婚は、注意深く保たれる境界によって抱えられるのです（図6参照、交合）。

　それは自分と他者の出会いであり、そこから対立物の緊張が作られました。究極的には王と王妃の欲望を満たすことが目的ではなく、彼らの二つの体が一つになるほどの親密さから、かの石を抽出することが目的です。クライエントと治療者とは、王と王妃によってイメージされるような元型的なプロセスを個人的なものと混同してしまわないことが不可欠です。この自覚を保つ

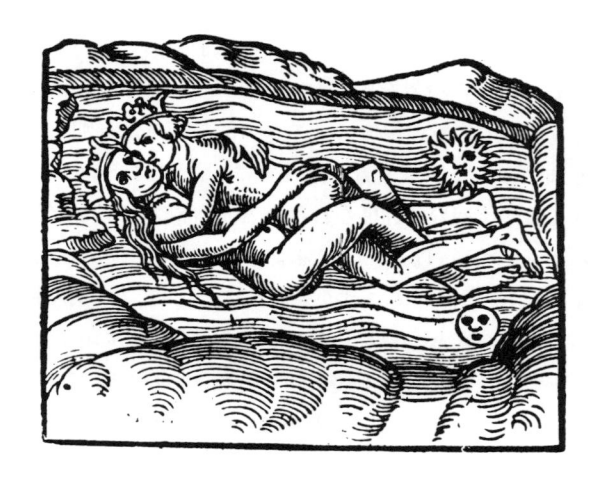

図6

のは主に，通常，治療者の役目となります。

　ドリームワークとの関連では，この溶けてなくなる（dissolution）状態は，主体と客体との間の境界，自分と他者との間の境界が溶けてなくなることと関連していて，相互の融即が起こり始めます。ヘラクレイトスなどの古代ギリシア人によると，それに関する知識によって現実（リアリティ）を知ることはできず，その本性に成ることによって現実（リアリティ）を知るのです。この意味は，ドリームワーカーによって体験される感情と感覚とはもはや自分自身が独占するものではないということです。それらは今現在の夢見の本性に属するものだともいえ，夢見手とドリームワーカーとが浸かる水銀の浴槽のようなものになるのです。それゆえ，ドリームワーカーが体験するあらゆることに注意を向けることが不可欠であり，というのもそれはどこかで夢と繋がっているからです（例："Tracks in the Wilderness of Dreaming", pp.65-83 参照）。

　『夢と下界』(p.151) には，ヘラクレイトス：「魂にとっては，水となることが死である……。魂にとっては，湿ることが喜びか，いやむしろ，死である……」とあります。

　ヒルマンが示唆するのは，夢の中の水は，溶けてなくなるという感覚の中

で死んでいくことを指していると受け取れるということです。「夢の中で湿った状態になることは，死における魂の喜びを，固く縛られた地上的な事柄から離れて沈んでいくことにおける喜びを指している……」と彼は言います。

『夢と下界』という論文の焦点は，死者の国の描写と夢の国の描写との間にある特別な神話学的類似にあります。ギリシア神話によると，心（サイキ），夢，死はすべて同じ領域に属するものです。それは下界の地であり，死者が純粋にイメージとして，血も感情も持たずに住んでいるところ，冷たい世界，です。魂は世俗的な事柄に煩わされないその地を切望している，とヒルマンは言い，夢は睡眠のためのものであって覚醒のためではないと言うフロイトを引用しています。魂は深みを求めるのです。もし夢を，覚醒時の生活を高めるものとしてだけ利用するなら，夢の表面だけを取り上げることになって，夢見の表面的なことしかわかりません。そうなると夢見それ自身が望むもの，夢見手の日常的な生活から離れて魂がそれ自身の世界に住みたいという魂の欲求，から離れてしまいます。

ヒルマンはそれとは反対の方向に進んだ最初の人です。つまり，日常世界から夢の世界に降りていき，深みをわれわれに役立てるのではなく，深層世界に役立とうとしたのです。夢は深い想像行為に属するもので，向こうの世界に喜びを見出すものです。

次週の講義に備えて，『夢と下界』を読んでおいてください。次回は「死と抵抗」についてお話しする予定です。

第6講
死と抵抗

これまでお話ししていたプロセス——王と王妃とが浴槽に沈み，性的に交わるプロセス——は，黒化，ラテン語ではニグレド（nigredo）の段階と呼ばれます。ワークの中ですべてが黒くなる瞬間です。錬金術師は，これが錬金術的な作業の最初の作業法であると言います。つまり，第一質料を溶解し

て，それを闇の中に入れるのです。夢を闇における生と見るならば，それはいろいろな夢の見方の一つにすぎませんが，そうするとドリームワークのプロセスは意識を暗くすることになります。ドリームワークが始まる瞬間というのは毎回，覚醒時の意識を溶かして方向が喪失するような体験になります。

　以前述べたように，自我は，意識の習慣に同一化するという絶え間ないプロセスです。自我は物ではなく，持続するプロセスなのです。自我は時々刻々と作られるもので，それによって周囲の世界が見慣れたものとなります。ヘラクレイトスによると，すでに見たように，一瞬一瞬がその前後の瞬間と根本的に隔てられていて，論理的な観点からは，各瞬間が新しいということになります。各瞬間が存在の新しい形態として体験されるといったところで，かなり混乱されると思いますが，自我のプロセスの仕事の一つ――あるいはもう少し適切な言い方をするなら「自我する」（ego-ing，これは私が作った言葉なので辞書を引かないでください）と言う方がいいですが――，「自我する」ことの仕事の一つは，知られざるものを，既存の見慣れたパターンに変換することだといえます。もし木を見るたびに私の世界が再創造されるようなまったく新たな瞬間になるとしたら，あまりに大変でしょう。とはいえ，それはまさに幼児や夢見手に起こっていることなのです。

　夢から覚めると，とりつかれたように「自我する」ことが始まるので，異質な世界が即座に見慣れた世界となります。自動的に，夢の世界を昼間の言葉で解釈してしまうのは，昼間の世界が私たちの知っている世界だからです。ドリームワークでは「自我する」プロセスから離れます。ドリームワークは，見慣れたものを，見慣れないものに浸すことで，溶けてなくします。見慣れないものに浸すことは，暗くなるプロセスであり，昼の生活から離れ，夜の世界に参入し，識別よりもむしろ類似という世界の中に入るのです。夜の森を思ってみてください。闇の中の木は日の光によって識別されるような木とまったく同じように見えるでしょうか。それとは違って見えるはずです。生物学の授業で習ったような生命理論に則った木とは違う生気を持つものに見えるはずです。夜の木は，われわれを簡単に圧倒してしまうような命を持っ

ています。その圧倒的な存在感を感じるためには,「自我する」プロセスを過剰に働かせるのをやめて,これらの暗い木のような形を,見慣れたものの範囲内だけに保つことをやめればよいのです。ドリームワークの仕事が,見慣れた世界を見慣れないものにすることだとしたら,当然自我のプロセスからは抵抗が予測されます。自我のプロセスは,構造的にそれと反対の道を進む,つまり見慣れないものを見慣れたものにしていく過程だからです。見慣れないものを見慣れたものにすることは,「自我する」ことの自然な方向です。見慣れたものを見慣れないものにすることが,ドリームワークのワーク作業です。それは抵抗に逆らってなされる作業です。自我は見慣れないものを恐れると同時にそれに惹かれます。魅惑がわれわれを夢に近づけますが恐れはわれわれを夢から遠ざけ,見慣れた言葉による夢の解釈が理想的な妥協とされます。しかしそれは妥協であって,夢一般にまつわる矛盾する感情の核心に入るものではありません。ドリームワークが真に効果を発揮するためには,見慣れないもの,深い想像力が何の束縛も受けず自由に働く状態,に心底傾注する必要があります。夢2の中で,夢の父が私になぜ剥製の鳥の入った鳥かごを燃やしてしまえと言ったか,もうお分かりでしょう。私の夢の父が言ったことは,ヘラクレイトスの断片42(廣川,1997)の精神で語ったことと同じです。「今ある道をどれほど歩いてみたところで,魂の限界を見つけることはできない。意味の深みに下りたとしても,である。意味の深みとはかようなものである」

　抵抗は根本的ドリームワークの目印です。ここで,根本的ドリームワークとは見慣れないものに容赦なく傾注し続けることです。抵抗は見慣れた意識に生じる方向喪失の程度に比例します。それゆえ,最も抵抗が強い場所が,夢の中で,見慣れたものが最も強く混乱する場所になります。錬金術的にいえば,硫化水銀の浴槽が,それに浸された物質に対して最も強い腐食作用を示す場所となります。それは,浴槽がその中に入れられた物質を直接死に導くような最も死に近い,最も有毒な場所です。ここで死とは,ヘラクレイトスが断片67(廣川,1997)で言うような,見慣れないものとの究極の直面と考えてください。「死の後で,思いもよらないもの,考えもつかないものが

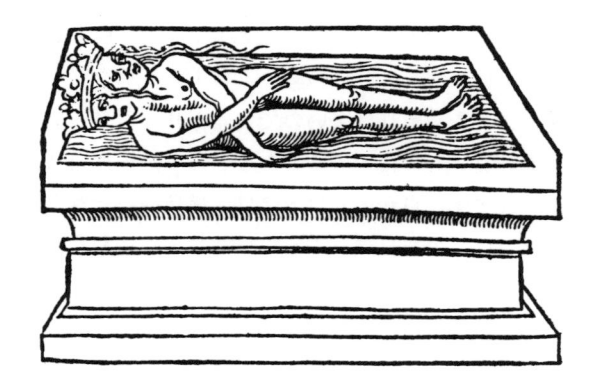

図7

待ち受けている」

　同時に，物質を殺すことは，有毒な水銀（硫化水銀）を治療薬に変える第一段階であり，それによって，苦痛をもたらす原因を癒す薬が得られるのです。pharmacon［訳注：薬を意味するギリシア語］という言葉が，毒と治療薬の両方の意味をもつことを思い出してください（図7，死）。

　錬金術師によれば，まず死ななければ新たな生を得ることはできません。究極の見慣れないものと根本から直面することが，ドリームワークの――そして分析過程全体の，中心的な要素であります。見慣れないもの，真の他者によって，一滴一滴染められる必要があります。

ドリームワークの実践で抵抗を示唆するもの

　ドリームワークにおいて夢見を次の3つの方向から同時に見ます。

- 夢はわれわれを取り巻く環境である。
- 夢見によって錬金術的な物質が混合される。
- 夢見は存在の見慣れないプロセスである。

　われわれのドリームワークは，これらの観点を調節する必要があります。これによって次のことが導かれます。

- まず，夢見手を，夢見の出来事が起こっている環境に導いて，夢見の環境に今ここで取り囲まれるようにする。
- 夢見にみられるさまざまな観点に同一化することで生じてくる多種多様な心理身体的な状態を比べるようにする。その際，それらの状態は，さまざまな異なる登場人物(キャラクター)（と環境：環境も性格(キャラクター)を持つので場所に性格を与える）に体現されている（embodied）。これによって，自覚の矛盾する心理身体的な状態の濃密な混合物が創り出される。
- 夢見手が，夢の中で最も抵抗が強い場所にいけるように手伝う。というのもそこが事物を見慣れないものにするプロセスが最も盛んなところだからである。

　それゆえドリームワークでは，ナラティヴに添って，話の筋道に添って，ワークをすることは必ずしも必要ではありません。話の筋は，ドリームワークには二次的な重要性しか持ちません。というのも，話の筋というのは，たいていは，生じた出来事を意味あるものにしようとする，単一の自我の観点に過ぎないからです。

　戦略としては，抵抗の低い場所から夢見に入り，徐々に抵抗の最も強い場所に進んでいくのがよいでしょう。それではどうやったら抵抗を知ることができるでしょうか。抵抗は，注意が離れる（distraction）ことによって顕わとなります。気が散る瞬間というのは，無意識的な要素が注意をひきつける時点であり，心的なエネルギーが覚醒している意識から漏れ出てしまいます。自我という指の間から滑り落ちる瞬間です。ワークにおける注意散漫は，以下の形で生じてきます。

　　退屈
　　眠ってしまうこと
　　（声などが）しだいに薄れること
　　ほかのところに行きたいと思うこと
　　興味を失うこと
　　敵対心
　　何も感じないこと
　　突然の身体的な体験
　　白日夢
　　早く終わってくれればいいと思うこと

クライエントを嫌だと思うこと
クライエントの日常生活に突然興味を持つこと
早熟な解釈
上に述べられていないような形の注意散漫

経験則：注意散漫が強くなるほど，抵抗が強くなります（経験則というのは科学的法則ではありませんのでご注意を）。

夢を聞いている間に注意散漫になることがあるため，私はたいてい，二度夢を語ってもらいます。

上述のように，夢についてワークをしている間に溶解のプロセスが生じてくるので，夢見への抵抗は，夢見手にもドリームワーカーにも生じることになります。ドリームワーカーはこれらの抵抗が，夢そのものに属すものなのか，純粋にドリームワーカー個人のプライベートな事柄に属すものなのかを正確に判断する必要があります。原則として，ドリームワーカーに生じてくることはいかなることであれ，夢と関連している可能性があると私は考えています。それゆえ，ドリームワーカーは自分が体験できる範囲で可能な限り多くの意識の変動を自覚せねばなりません。たいていは，ワークを比較的安全と感じられる場所から始める方が効果的です。この場所で，熱を徐々にためていくことができます。安全な場所というのはたいてい，夢見手が心地よいと感じられるような暖かい場所ですから。そこでは，ドリームワーカーとの信頼ある関係を築くことが，抵抗の強い場所よりも容易です。抵抗の中に深く行くほど，熱が増加します。

次週は，火の番についてです。

第7講
火の中の媒体

王と王妃は，錬金術的プロセスの対立する力を示すものですが，悪臭を放つ水の中で溶けてなくなります。王と王妃という対極の，それまで持っていた個別化された形が死ぬのです。古い形を腐食侵食するメルクリウスの水は，

第4講でお渡しした最初の図版で見た通りです。悪臭を放つ水は対立物の合一がまさに生じている媒体（medium）です。悪臭を放つ水は，影の原理にたとえられます。対立物（熱／冷，乾／湿，若／老，男／女，東洋／西洋など）がひとたび悪臭を放つ水（胎児が育つ羊水にたとえられるものです）の中で溶解すると，混合液全体は新たな媒体となり，今度はさまざまな度合いで熱を加えられることになります。すでに述べたように，媒体はアニマ，魂としても知られています。というのも，魂は，物理的な世界と同時に精神的な世界の両方にかかわるものだからです。錬金術は，ある意味では，魂の料理のようなものです。

　夢に関して少し脱線をしましょう。科学者はたいてい，夢が何かに関わるものだとは考えていません。特に意味はないと考えています。心理療法家としてわれわれは，夢を夢見手と関連のあるものとして理解することが習慣となっています。夢は夢見手に関わるものだとわれわれは考えます。

　オーストラリアのアボリジニーにとって，夢は種族の健康に関わるものです。1900年ごろのハンガリーのジプシーにとって，夢は指導者の政治的決定に関わるもので，まじめに考慮すべきものでした。聖書に出てくるヨセフにとって，夢は王の未来に関わるものでした。現代の精神分析家にとって，夢は力の場であり，その領域に入ってくるあらゆる人を取り囲んでしまいます。これは転移／逆転移と呼ばれます。錬金術的な心理学者にとって夢は，覚醒時の意識を溶かしてなくしてしまう媒体です。

　だから，夢は多種多様な異なる観点から見ることが可能で，この脱線では，夢をグループ心理学の観点から見てみたいと思います。

　最初の始祖としてのヘラクレイトスに従う限り，どれほど深く進もうとも，魂の深さを測ることなどできないことはわかっています。魂は，個人の領域に顕現するだけでなく，同じようにグループの生（ライフ）の中にも現れます。皆さんがよく知っているグループを例にとりましょう。ここ京都大学の私たちの授業でもそうです。私はこの授業で最初に示された夢を，グループの初回夢と捉えてみたいと思います。ここで私は，夢見手が，自分自身の個人的な材料を装いながら，グループに属する出来事を見たという観点を取ります。夢

の文脈を，グループに属するものとして捉えるのです。このことで，われわれがワークした夢が夢見手の個人的なものではない，と言いたいのではありません。もちろん，夢を，われわれがやってきたように，夢見手個人の生活に属す出来事としてワークすることはまったく可能です。グループドリームの文脈では，ただ観点を変えて，違う方向に行くだけです。いずれにせよ，夢の深さ全体を測ることなどできません。こうすることで，他の関連する観点を自由に試すことができるのです。

次の夢を思い出してください。

夢6 私は自転車に乗っている。子どもたちのグループと私の母親を見かける。ベルがうまく鳴らない。だんだん欲求不満になってきて，自転車を降りなければならなくなる。それから，遠く下に，自転車の後輪が外れて滑り落ちていき，ハンドルの棒が私の鼻の下に当たる。私は傷ついて目が覚める。

夢のワークの中で，欲求不満の感情が深くなっていき，肩が重たくなっていきますが，それは周囲の皆からなされる要求によって創り出される制約によって生じるものです。そのワークは，これらの集合的な要求を振り払って自由になりたいという強い欲求を持って終わりを迎えました。

この夢をこのグループのイニシャル・ドリームと見るならば，第一質料のイメージが得られたことになり，それを用いて貴重な物質が作られねばなりません。

われわれのグループの感情的な色合いは，欲求不満の色調を帯びています。欲求不満という言葉は，欲求が充足されることに対して障害がある状態を指します。このクラスの欲求とは，夢の錬金術的な心理学を学び教えることです。障害とは，言葉と文化の壁でしょう。西洋人として，私は皆さんが自発的に質問をしてほしいと思っていますが，日本人としての皆さんの文化と言語的な壁がそうすることを妨げているのです。ここでわれわれは，欲求不満の浴槽の中で料理されるべき対極性を持ったといえます。西洋人／日本人という対極性です。われわれの乗り物，自転車は，他者に自分のことを知らせる手段を持っていません。ベルがうまく鳴らないのですから。自分の存在を

お互いに知らせることができなくなっているのです——私が皆さんに対しても，皆さんが私に対しても。言語による制約とそれぞれの文化の期待するものとがそれを妨げているのです。乗り物をこのクラスのようなものだと考えるなら，つまり，このクラスを集合的な動きの乗り物と考えるなら，何かが私たちの背後で滑り落ちて，ハンドルが利かなくなり，顔に当たったのです。この観点から見ると，乗り物それ自体，われわれを一緒に運ぶものとしてのクラスそれ自体が，顔に当たったのです。だからクラスは「第三のもの」，生き生きとした実体となり，生徒である皆さんと，教師である私とのいずれとも異なる，クラス自体の乗り物となったのです。この実体が自らを表現して（「顔を打つ」(hit in the face) ことに見られるように），苦しみながら直面している（painfully faced）のが，欲求不満の感覚であり，振り払って自由になりたいという欲求なのです。「第三のもの」はしばしば，症状，ここでは鼻の下の痛みとして表現されていますが，症状を通してしか，自分を知らせる術を持ちません（ベルがないのですから）。ここにわれわれの第一質料が見つかります。われわれが第一質料であり，クラスという出会いの過程によって料理されようとしているのです。錬金術的な観点から言えば，ここに，間違っているものは何もありません。何も変える必要はないのです。欲求不満というのは適切な感情であり，悪臭を放つ水に属する影の領域に属すもので，その水の中で文化的な壁が溶けてなくなり，価値が創造されるのです。錬金術の目から見るなら，文化的な壁を乗り越えようとしてはなりません，そうではなくて，一緒に，それを価値が生まれるまで料理するのです。間文化的な価値は，文化的な壁を料理することによってのみ作られることは明らかです。ここに，錬金術的な観点の価値を見ることができるでしょう。影からかの石は作られる必要があるのです。影は，それがどれほど困難であったとしても，捨て去ったり滅ぼされるべきものではないのです。

　それでは，媒体としてのクラス（class-as-medium）に期待できる錬金術的な料理とは何でしょうか。『太陽の光彩』には，熱に7つの段階が与えられています。

　最初の段階はすでになじみとなりました。悪臭を放つ水に溶解することで

す。これは穏やかな火でなすべきことです。(『太陽の光彩』第4論文によると) それは「厚く硬く焼かれた大地の層を, 柔らかくし, 融解していく」のに役立ち,「ソクラテスもそれについて,『土壌の穴や裂け目が開かれて, 火や水の力を取り入れることができるようになる』といっている」とあります。

それゆえ, この第1相は, 厚く硬く焼かれたわれわれの文化的な壁の厚い殻を柔らかくして融解することを指し, そうすることでわれわれの土壌が開けるのです。

次週は,「暗闇の中で不思議な光を見ること」についてお話します。来週に備えて, ヒルマンの'Silver and White Earth' を読み始めておいて下さい。

第8講
暗闇の中で不思議な光を見ること

最初に, このサマリーをお渡しするのが遅くなりすみませんでした。ごめんなさい。

先週のクラスの後, 私は自分が日本語を話すことができないことを恥ずかしく感じ, それでこのサマリーもお届けするのが遅れたというわけです。この講義録が遅れたことにはいろいろ理由があるでしょうが, 遅れたという事実そのものに焦点を当てたいと思います。分析の中で, 被分析者が時間に遅れてきたとしたら,「気がついていない抵抗があるのでは」と疑うのではないでしょうか。この講義録が遅れたことを抵抗という現象として, そして幾分かは恥と関連するものとして取り上げてみたいと思います。そして現時点でもう一つつけ加えておくべきは, ジェイムズ・ヒルマンのきわめて難解な論文 'Silver and White Earth'(『銀と白い土』)を理解できないことに由来する皆さんの欲求不満でしょう。ここでわれわれは, 黒い手を取り合うことになります。黒化 (nigredo), 黒いことが始まろうとしています。黒化の段階をわれわれのクラスは通り抜けようとしています。欲求不満, 怒り, 恥, 分離, 差異, 理解できないこと, 抵抗。この段階, あらゆる不満足な感情, を感じることは大切です。さもないと, 次の段階は来ないでしょうから。影

からのみ，変化の光は差し込んでくるのです。

『転移の心理学』の第8章で，ユングは浄化，白化，albedo のプロセスを示しています。天から降り注ぐ水は露という形をとっています。露は浄化であり，錬金術師が智慧の水（aqua sapientia）と呼んだものによって生じます。闇は徹底的な（in-depth）理解によって取り除かれます。しかし，智慧の水は普通の理解とは違います。錬金術師はこんなことを言っています。「黒いものを白くし，本を破れ，そうすれば汝の心（ハート）は痛むことはない」。智慧の水は理論の中には見つけることはできません，心理学の本にも書いてありません，教師によって分け与えられるものでもありません。ユングは，現れてきたイメージの中に入って深く感じることによってのみ，闇を白くするのに必要な照明を得られると強調しています。彼はこれを「純粋な出来事」の段階と呼んでいます。純粋な出来事の段階とは，出来事に揉まれるようなあり方で，出来事からの影響に身を任せ，出来事が働くままにするような状態をいいます。それが何なのかとか，どうしてなのかと問うことなく，あるがままに身を任せることです。われわれの場合では，欲求不満，怒り，恥，分離，違い，理解できないこと，抵抗などに身を任せることです。これらの状態が，純粋に起こってくるままの状態で存在するようにさせれば，それを骨の髄まで感じることになるので，そこから照明が得られます。その後ようやく，すべての不快なものが意味を持ち始めます。新しいイメージが闇から現れてくるのです。白化は鏡映の段階です。イメージが現れて，省察（reflection）が可能となる時期です。

最初の，溶解の穏やかな熱は，和ませるのに必要なものですが，物質の固い殻を柔らかくして，穴を開けると，熱の第二段階に入ります。『太陽の光彩』にはこうあります。

　　二番目に，必要とされる熱は，その力によってすべての闇が地上から駆逐され，すべてが明るく照らされるような熱である。これに関するセニオール（有名な錬金術師）の格言は，「熱がすべてを白くする，……水が白くするように，火が照明する……そのようなことをソクラテスも語っている。『あなたは闇の中の不思議な光を見つめるでしょう』と」

二番目の熱は，視覚（vision）という，照明をもたらす熱です。闇における視覚，満月の光のようなものです。月の雫の白い水が，われらの腐食した体を清めるために落ちてくるかのようです。
　さて，ジェイムズ・ヒルマンの難解な論文に目を向けてみましょう。彼の錬金術的な記述を理解するという欲求不満になるような試みに光を当ててみましょう。

> p.22，下から２つ目のパラグラフ：「銀は月の金属で，土の中にある月の種である。他に，銅は金星の種，鉛は土星の種である。金属は湿った蒸気が凝固したものと想像されていた。濃縮したガスのようなもので，その精（スピリット）は正しい作業法によって放出されると考えられた。金属はもともと湿っているので，すなわち，粘液（phlegm）の形で体現していて，粘液的な傾向，受動的で無力で火を必要とするという傾向を持っていた。変化に対する抵抗がわれわれの本性の種に与えられているので，強い熱だけが人間の本性をそれに内在する無力な状態から動かすことができる」

　金属は，湿った蒸気が凝固したものと想像されていました。これは，反射の能力が濃縮していることを意味します。蒸気，すなわち水は受け容れるだけで，風とか火などの外力を受けない限り，それ自身動く力はありません。それゆえ，金属は本来，受動的なもので，静止した水の慣性にならう傾向があります。何らかの変化を起こそうと思えば，力を加える必要があるわけです。変化は中からは生じません。すべてが受動的だからです。
　なぜ金属を変化させるのに黒化が必要なのか，だんだんはっきりしてきたと思います。暗いものと交じり合うことによって生じる不快感が，無動な状態にある物質を動かすのに必要な不均衡を生み出すのです。バランスは金属に変化をもたらすことができない。バランスには不均衡が持つような能動的な力がないからです。錬金術師は，不完全さからのみ変化が生じ得ることを強調しています。完全なものはすでにゴールに到達しています。鋭い痛みを伴う不均衡という暗い段階から力が創り出され，それが金属を眠りから呼び覚ますのです。治療において，徹底的な変化をもたらすのは苦痛の圧力だけだと見えてくるのが常です。高尚な知識欲と精神を求めるだけでは，深い変

化をもたらすのには足りないのです。

> p.24，第2パラグラフの冒頭から：「ここでは簡単に，以下の二つを区別しておく必要がある。一つは第一質料（prima materia）（白い湿気 ethesia alba，白いマグネシア magnesia alba，乙女の乳液）に対する名前としての白で，何の作業もなされていない無垢の白，エンデュミオーン［訳注：月の女神セレネに愛された美少年］のマシュマロのような眠り，甘く，恥らう乙女，などのような白である。もう一つは白化（albedo）の白で，激しい苦痛と辛抱強い忍耐と強い熱の結果生じる冷却の白である。すべての白が同じ白というわけではなく，ただ白化の白だけが錬金術の銀を指す。それは，ただ与えられた魂に由来する意識状態ではなく，それになされた作業から生じる意識状態を指す」

同じように，理解という白い光は，消化を助ける理論から生じますが，理論は，この第二の白，黒の次に来る白，として捜し求めるべき照明ではありません。核心に至るまで耐え忍んで残った理解だけが，鏡映の効果が作用し始めるのに必要な白さに通じるほどの白さを持つのです。

月は，精神の火と魂の情熱を，イメージを絶えず生み出すことによって育む，とヒルマンは言います。しかしそのイメージとは，無垢の白に属するような甘いイメージではありません。それは火に耐えた硬いイメージです。硬くパリパリになったものによってはっきりと映し出されるイメージです。感傷的なじめじめしたイメージではなく，乾いた目，涙も涸れたような目が見るイメージです。

> p.26，最後のパラグラフ：「これらの性質のほかに，銀は鏡映する。『鏡は』，とアルベルトス曰く
>
> 『湿り気によって生じ，それが固まり，それによって良い光沢を出すことができる。それが映像を受け取るのは，それが湿っているからであり，それが映像を保持するのは，それが硬く限定されている（terminatum）からである。というのも，湿り気が含まれていなかったり，境界で限定されていなかったら，こんなふうには保持できないからである』（Minerals, III : ii, 3）

さて，銀が鏡映するのはそれが，受容的（湿っている）と同時に硬いからである。硬い受容性は，鏡映するのに役立つ種類の意識といえる。それ自身の湿り気が取り込まれて消化されると同時に，それ自身の境界で限定されることが鏡映にとってどれほど必要なことであるかに気づくがよい。もし容易に流れてしまうと鏡映できない。さらに，すべてのものを鏡映できるわけではない。それが受け容れることができるものだけを鏡映でき，映されたものに対して，自分自身の境界の範囲内でのみ硬く存在する。鏡映は，空ろな受容性ではない。それは焦点を要求する」

ドリームワークにおいて，この固い，焦点を結んだ省察が，いかに創り出されていくかを感じることができると思います。この乾いた硬い焦点づけのために，ドリームワークをすると消耗します。イメージに対する焦点によって，注意がある特定のイメージの中のある事柄に限定されます。心が赴くままにするのではなく，しっかりと焦点を保ちます。そのようにして，創造的な想像力の湿り気の中に，限定された境界が創り出されるのです。夢に対するワークはイメージに対する省察に役立つだけではありません。イメージに必要な変化を受けさせるので，ドリームワークの実践それ自身が，たえず鏡を磨くことになるのです。イメージに対する境界を保つことによって，省察が変容を起こす活力となるために必要な強さが創り出されるのです。

次週は「宥めることと冷たい目」についてお話ししましょう。

第9講
苦痛共感的で残酷な冷たい目

p.38，下から2つ目のパラグラフの最後：「冷たさは，下降の一様式であり，収斂性，乾燥，心を地につけ硬くすること，銀を固めてその安定性と受動性を増すことによって下降する。それによって，反射する冷たい鏡の中に，それ自身の物質をもっと受容できるようになる。内向的な，分裂質的な，直観的な人物こそ（臨床的な文脈では冷たく，疎遠で引きこもった人と呼ばれるが），まさに，心の形とその反映がもっともよく現れている人たちである」

授業やドリームグループにおいて，実際のドリームワークで示したように，

イメージの厚い殻が和み，柔らかくなり，小穴が開いて溶解の最初のプロセスが始まると——コントロールを失うのではないかという，自我の強い抵抗に会いますが——われわれはイメージの世界に降りていきます。すでに見たように，イメージの世界は鏡の世界です。鏡に降りていくと鏡自身も消え失せて，鏡に映された世界だけが残ります。それは，それが映す元の世界とは異なる世界です。というのも異なる実質をもつからです。異なる実質からなる世界です。ヒルマンが『夢と下界』で述べたように，イメージの世界は，ステュクス川で隔てられた向こう側の世界，黄泉の下界（ハデス）に存在します。これは，赤い血の熱を持たない，冷たいイメージの世界だと彼は記しています。黒と白のほかに色のない世界。冷たい銀の魚が住む深海の世界といってもいいでしょう。この世界に熱のイメージがないということではありません。多くのものがあります。それは，われわれがイメージに対してもつべき態度を明らかにしてくれます。銀の鏡に照らすような，残酷なまでに正確に映し出す冷たい態度です。鏡は，アルベルト・マグヌス Albert Magnus によると，固められた湿気からできています。鏡に映すときの正確さは，湿気も持たねばならないのです。露の湿気，前回お話しした智慧の水の湿気です。天から降り注ぐこれらの水は，苦痛をともにし，感情をともにし，共に感じるような水です。苦痛の共感（compassion）を持たない残酷さは，無益な責め苦に過ぎません。残酷さを持たない苦痛の共感は，正確さを欠きます。残酷さということで私が何を言おうとしているか，説明しましょう。私が言う残酷さというのは，不完全さも，一つ一つの皮膚のしわも映し出すようなカメラの残酷さのことです。恐ろしいことでも真実を言うような子どもの残酷さのことです。自分の醜い姿に否応なく直面させるような残酷さのことです。敵意に満ちた目，敵の目の鋭い残酷さのことです。

　　p.39，最初のパラグラフ：「私は特に嫌悪のことを考えている。心的な現実を固定してしまうような嫌悪で，個人の心の底にも，神話や神の下界のステュクス川（名前も嫌悪を意味する）にも自然な嫌悪である。この嫌悪の神の宮殿は銀の柱が施されていた（Heisod, Theogony777）。そして水は一度も冷たくならなかった。多分，われわれの憎悪は個人的なものだけではなく，銀に必要なもので，支

持的な原理によって心を固め，限定された裏打ちを鏡に与える。というのも，愛しているときには見えなくとも，憎悪の時には，他者の線がすべて，残酷なまで詳細に目につくからである」

ここで私がお話ししているのは，嫌悪という鋭く冷たい視線（vision）についてであって，嫌悪の感情についてではありません。私が話そうとしているのは，嫌悪が与える冷たい目のことであり，嫌悪に通常つきまとう感情からは距離を置いておきたいと思います。

ドリームグループで，核爆発の夢と出会いました。そのイメージを残酷に面と見据え，そのとても残酷な現実の中で恐怖を直接体験することによってのみ，そのイメージの深みに到達できます。夢の中では，母親の人影が現れて，思ったほどひどくはないと言いました。この慈母的な目は，それが何であるかを見ようとする残酷な目よりも破壊的なのです。治療者としてわれわれが，もし，常に勇気づけるような暖かい母親とのみ同一化するならば，現実の残酷で意を挫くような出来事を見落としてしまうことになるでしょう。生の残酷さからクライエントを守れないのは，母が核爆発からわれわれを守ることができないのと同じです。同時に，クライエントとは，湿ったつき合い，他者の苦痛と繋がっているという感情を持つことも，する必要があります。乾いた，繋がった感じのない残酷さは，鏡にはなりません。それはただ直面させるだけです。

前回のセッションで，ある夢をワークしました。

夢7 私が向かい合っているのは，目を大きく見開いた監督で，目からは白い液体が流れていた。彼はとても権威的である。その助手が彼の背中をナイフで刺す。

"Silver and White Earth Ⅱ" p.28，新しいセクション：「白い大地は夢の中に現れる，しかし必ずしも雪景色とか，白い砂，銀の空色の天空の景色として現れるのではない。むしろ現れるときには，目に見えるもの，見慣れたものが白くなる形をとる。家を白く塗ること，白いジャケット，あるいは銀のものなど。刃，針，

図8

シンブル［訳注：指先にかぶせて針の頭を押す杯状の裁縫用具］，あるいは皿や洋服が銀のときは，銀化が，これらの行為（刺したり，指を使ったり，縫ったり，給仕するなど）に生じていて，銀化がこれらの行為によって生じている。ナイフで刺したり，縫ったり，奪ったりして，心は銀に，あるいは白くなっていく」

　銀のナイフを刺入される権威主義的な監督は，その視覚（vision）から白いものが染み出しています。これは白化（albedo），白くなっていく瞬間です。図8の最初の図の白い男は，刀によって肢体切断されます。白化の段階は，残酷な肢体切断の段階であり，それによって豊饒性とか新生が生じてくることになるのです。

　夢8は30歳のアメリカ人女性の夢で，彼女は，恋人から見捨てられたばかりでした。夜ベッドに入った時，心臓が痛み，医者を呼ぶほどの痛みで，心臓の病気のことが心配でした。身体的な兆候はなく，ただ心痛だけを認めました。

夢8　私はヘリコプター（チョッパー）をみる。鳥がヘリコプターの羽根で叩き切られ（チョップされ），たくさん

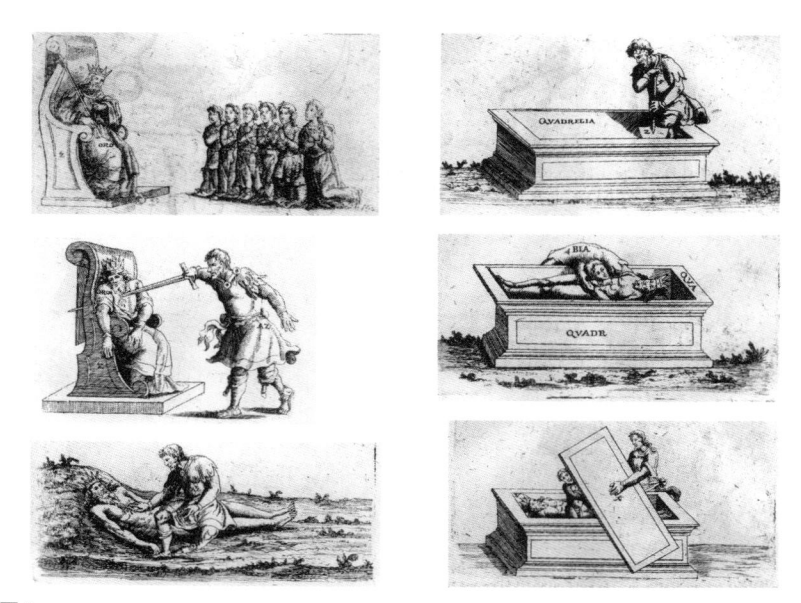

図8

の血まみれの肉片が壁に打ちつけられる。小さい鳥が出てくる。それは明らかに，もう一つのずたずたにされた大きい方の鳥を探していたようだ。小さい鳥はとても悲しそうで，叩き切られた鳥の肉片をすべて慎重に集め，たぶん，それがまた元通りになって欲しいと思っている。私は心が痛むのを感じる。

　夢見手は見捨てられることに強い恐怖（強い見捨てられ不安）を抱いています。それは彼女がまだ小さい頃に離婚した両親から見捨てられた体験に由来するもので，彼女は両親から十分な心配りを受けなかった。だから，男性といる時はいつも，自分の人生を捨ててその男性のためになろうとするのですが，度があまりに過ぎるので，男性は息が詰まって逃げ出し，こうして見捨てられるというテーマが繰り返されていました。それで彼女はその苦しみからお酒を飲むようになり，別の男性を，苦しみを紛らわしてくれる一種の薬のようなものとして求めることになるのです。死ななければならないのは，主導権を握っている態度，つまり見捨てられコンプレックスなのです。

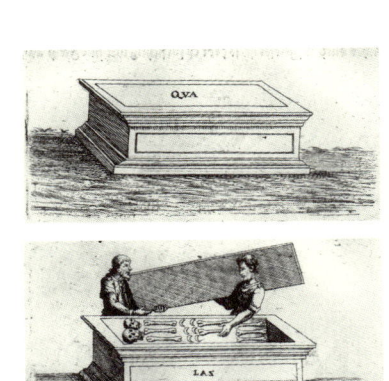

図8

　魂において主導権を握っているものが死ぬことは，錬金術の中ではしばしば，老王の死として描かれます。老王とは権威であり，夢7の監督のようなもので，それこそ死ぬべきもの，肢体切断されるべきものなのです。図8の最初の図に見られるとおりです。しばしば，老王は息子の王子に刺されます。夢7の助手がそうです。

　私は一連の錬金術のイメージ全体をもってきましたが，その冒頭は，老王が刺されるところと肢体切断のプロセスになっています。ここで描かれているプロセス全体は必要な残酷さを示すものです（図8：一連の図参照）。

　主導権を握っている古い態度は死に，黒くなり，その後白くなり，最後に赤くならねばなりません。

第10講
魂と白い世界

　すでに見たとおり，白の世界とは，鏡がないのに鏡に映し出された世界の

図8

ようなものです。魂とは，鏡を通して純粋なイメージの場に足を踏み入れる時に入る世界です。これらのイメージは，それが反映する元の世界と同一のように見えますが，それらは実質を持たず，ただ創像的な形式だけをもちます。それは物質の世界とも，思考の世界とも異なる世界です。その間にある世界です。白の世界とは，黒の世界（nigredo）と赤の世界（rubedo）の間にある世界でもあります。黒の世界では，すべてのイメージが崩壊します。古い形式，老王は死に，純粋な黒の時代となります。イメージは全くない。ただ暗い陰うつな気分だけがあります。赤の段階になると，新しいイメージが，世界の中で活動するようになります。

事例 36歳の男性。露出症。夜，彼は町の男性用公衆トイレに行き，他の男性に自己を露出する。それから彼は逃走する。この行動で彼の自尊心は傷つき，恥に悩み，午前3時まで眠れない。翌日，彼は仕事に行ったが消耗する。仕事の出来も彼の能力からするとかなり悪い。

彼は仕事をクビになりそうだといって，私に会いに来ます。最初のセッシ

ョンでは，自分の仕事と上司との苦労についてだけ話します。これは黒の前の白の段階です。彼は自分が潔白で，上司を権力を行使する敵対する人物とみなしているのです。

　4回目のセッションの夢への連想からで，上記の行動が明らかとなり，彼は全く自尊心が傷ついたと感じていました。次のセッションに彼は現れず，その後のセッションもすべてキャンセルしました。突如噴出してきた恥の熱気の力は，分析初期の段階の治療関係という容器の強さよりも強かったのです。私は彼にEメールで，あなたが分析を止めると決められたのが残念です，と書いて送りました。Eメールを使ったのは，それが現在使用できる媒体の中でもっともクールなもので，留守番電話のメッセージよりも冷たいからです。私の声を聞かなくてもすみますし，私は彼にとって抽象的なスクリーンになり，彼がボタンを押せば削除することも可能ですから。

　1カ月後，彼は次の予約を取って現れました。彼は前の仕事を辞め，別の仕事に就いていました。今度は，自分が感じている恐怖と恥辱について話しました。彼は今，黒化の状態にあり，もう純白な存在ではありません。抑うつの深い感情に沈み，そのため，夜外出することは困難になりました。抑うつによって衝動的な行為をしてしまうことから守られていたのです。しかしながら今度は全く眠れなくなり，1時間以上続けて眠ることはできなくなりました。精神科医が抗うつ剤を処方して，随分調子はよくなりましたが，そうなると公衆トイレで衝動的な行動をしてしまいます。再び彼は治療を中断しました。今度は，私は何も行動を起こさずに待ちました。

　2カ月後，彼は恐ろしい悪夢を見たと言って戻ってきました。投獄されたり，ばらばらに切り刻まれたり，吹雪の中で遭難したり，警察につかまるなどの夢です。気がふれてしまうのではないかという強い恐れを感じていました。今度は彼は白の段階，月の段階，狂気（lunatic ； luna = moon）の段階にいます。彼の魂は，さまざまなイメージに苦しめられています。衝動的に行動化されていたこれらのイメージが，鏡の世界に入ったのです。彼は私に，それらの夢のイメージを追い払ってほしいといいました。悪夢を見なくなるように薬をもらいに行くよう勧めたり，精神科医に見てもらうように勧

めることもできたでしょう。しかし，この段階で今以上の処方がされることに私は反対でした。苦痛を共感しつつも冷たい目で見ながら，その夢のイメージは作業をしているところなのだと告げました。そのイメージが，彼の深いところにある恐怖を持ち出してきたのですが，それは衝動行為と不眠とによって遠ざけられていたものです。彼は新たな処方はなしでやってみることに賛成してくれましたが，以前から使っていたプロザックという抗うつ剤だけは続けました。抗うつ剤を飲んでも気分がよくなることはもうありませんでしたが，減らしていくことは心配だったのです。徐々に夢のトーンが変わり，入り組んだ同性愛的な話が出てくるようになりました。長年にわたって抱いてきた同性愛を生きたいという欲求と，両親の一家にあった強いタブーとが表面に出てきました。筋肉質の警察官であった彼の父親に関連する去勢コンプレックスが明らかとなり，自分の露出症の行動は父が捕まってほしいという思いに向けられていたと悟るようになりました。この間に彼は職場の男性に恋をするようになります。その男性は異性愛者で，彼には興味を持っていません。私は，この愛情を抑圧する代わりに，それを十分に感じて，その切望から離れず留まるよう示唆しました。彼はこの男性に長いラブレターを書き始め，でもそれを送るということはついぞなく，一冊の本にまとめ，挿絵も書きました。それを彼は「涙の私書」とよびました。彼はこの手紙を夜書きました。以前は公衆トイレで過ごしていたその時間帯に，手紙を書いたのです。手紙には彼の人生のストーリーが含まれています。この段階，彼が自分自身を発見した段階は，魂の帰還と呼ばれます。ユングは『転移の心理学』の第9章でこれについて書いています（図9参照）。

　魂，二つのものを一つにする魂が，死体を蘇らせるために天から降りてくる。

　死体とは燃やし尽くされた存在であり，灰になった生命です。人生はもはや価値がないと『涙の私書』に書いた私の患者も同じです。彼は疲れています。恋人に向ける感情以外は，彼は死んでいたも同然でした。

　灰を軽蔑してはならない，それがあなたの心臓の冠だから。（『哲学者の薔薇園』）

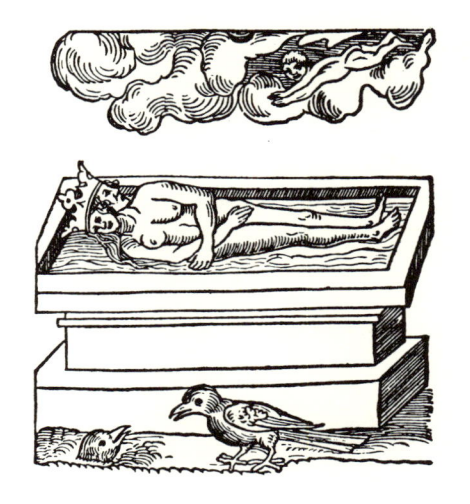

図9

　『涙の私書』の著者が自分の人生の灰をくまなく捜すうちに，徐々に自分の自伝と男性に対する愛とが混ざり始め，彼が味わった苦痛が，ある種の光を放ち始めます。彼は人生そのものに興味を持つようになりました。自分の人生だけでなく，皆が日々生きている人生にも。書くことは浄化のプロセスとなり，その中で彼の苦しみの，個人を越えた側面が燃やし尽くされて，人間的な状況が背景で光り始めます。彼は，より大きなドラマに登場する登場人物のような感じをもちます。人生は単なる個人的なものではなくなったのです。

　　冠のイメージは……浄化された体が魂を吹き込まれて元気を取り戻すことであると同時に，体そのものを称えることでもある。（ユング）

　体を伴った人生（embodied life）が，価値の一面となったのです。この時点で彼は別の人と出会います。恋に落ちて，一緒に行動するようになり，新しい生活を始めています。これが赤化です。繋がるというイメージ，魂が，十分に受肉したのです。治療は終了となりました。彼は今も詩を書いていると聞いています。

授業で聞いた夢は，黒化と分離の時期の後に来る魂の帰還に触れています。

夢9 私には赤ちゃんがいる。自分が父親だとはその子に話したくない。赤ちゃんは私が，サッカーチームの有名なコーチかと聞いてくる。私はその子どもが羽根を持っているのが見える。

われわれがこの夢に行った短いワークの中で，赤ちゃんは誰と一緒にいようと価値があるということが明らかになりました。誰もが赤ちゃんに対しては同じです。そこにいる人は皆大事です。同時に，その夢に出てきた赤ちゃんはコーチの名声にも惹かれています。新生児が，生命一般と名声とに同時に惹かれているのです。

このことを，われわれが授業で料理してきた暗い材料，怒り，恥，欲求不満，分離，文化的な差異，といった観点から見てみましょう。暗い材料に留まるには多大な力が必要です。多くの学生が去りました。私たちは熱に燃やされるように感じました。いま，新しく誕生しようとしています。図9に見られるように，新しい魂，しかも，チームのコーチに興味を持つ魂，が入りつつあるのです。（絵の右上に見える新しい魂は，飛んでいる赤ちゃんの姿をしています。）コーチというのはチームを指揮する人のことです。新しい魂は，チームを導く精神（スピリット），指導的精神（guiding spirit）に興味を持っているのです。私はこの指導的精神ではありません。私もチームの一員であり，皆さんもそうです。一緒に，導いてもらってゲームに臨みましょう。これが赤化という夜明けなのです。

次回は赤化と新たな方向づけについて話しましょう。

第11講
夜明け：赤化と新たな方向づけ

南アフリカ，ヨハネスブルグ出身の女性の夢。

夢10 毎週土曜日はレストランで働くと私は約束した。自分は心理療法家なので，なぜそんな約束をしたかわからない。

レストランに入り，オーナーを見かける。インド出身の男性だ。人懐こそうな目をしていて，私が来たことを喜んでくれる。私はスカートをはいているが，とても短すぎて，すぐに足から上に上がってしまう。それを引き下ろすことができなくて，パニックに感じる。それから一枚の紙を見つけてオーナーに，自分はこの仕事はできないと伝えようとする。紙片がばらばらになり，やっと小さな紙切れに読みにくい字で殴り書きをする。それから私は，常連客が入り始めたのでレストランを背に逃げ出した。裏では，私は摩天楼のある都会にいる。どこに私はいるのだろうか。ヨハネスブルグ？ ダーバン？ ケープタウン？ ニューヨーク？ アムステルダム？ 私は全く方向喪失に陥る。

「このように，赤化が頂点に達する夜明けとは，すべての闇の終わりであり，夜の消滅である」(『立ち昇る曙光』，14世紀後半)

最後の3回の講義は，ユングの『結合の神秘』の最終章，「結合」(Conjunction) と呼ばれる章を中心にします。結合という言葉は，一つになること，融合して混ざり合うことを意味します。それはしばしば結婚として描かれます。

夢11 私はホワイトハウスに招かれて大統領と会う。大統領は私に宝石箱を下さる。その中に宝を見つける。私がその箱を開けるといつでも，その宝が見える。

錬金術師の信じていたところによると，創造主神にも，物質にも人間にもすべてに，彼らが「真実」とか「天」と呼ぶ物質が浸透しています。それはすべてのものを存在させるような創造的なエネルギーでした。宝石箱の夢を見た夢見手は，最高の権威から与えられた箱の中に，この「天」を見つけたのです。彼はこの夢を17年前に見て，時々この箱のところにいって，その中に入っているものに今も力をもらっていると話してくれました。自分が迷ったと感じた時にはいつでもその箱を開けるそうです。そうすることで，人生において次にどこに進めばよいかという感覚を得てきたのです。これに相

当するのが，海洋をさ迷う人間という概念，海景を進む人です。「これは偉大なる海と呼ばれ，錬金術師の舵取りで進み，それを導くのが天の北極にあるメルクリウスの『心臓』であり，それに向かって自然そのものが，方位磁石の助けを借りて進路を定める」とユングの『結合の神秘』Ⅱ，#348にあります。

 そして，西はこの実践の始まりであり，真夜中は内的変化の完全な手段であるように，東は明晰化の始まりであり，そこを通過するとまもなく終結を迎え，作業の真昼に向かう。 (George Reply, Chymical Writing, Vienna, 1756)

 錬金術的な旅は，日没（西）から始まり，夜を通り抜けて日の出，東（Orient），新たな方向づけ（the new orientation）に向かいます。大統領が夢見手に与えた箱は，彼の東，彼の日の出，彼の方位磁石，彼の金なのです。

 先に進む前に，私自身の考えがユングの考えと違う点を強調しておきたいと思います。ユングは，錬金術はすべて，集合的無意識に由来するファンタジーが物質という白紙のスクリーンに投影されたものだと仮定しています。錬金術師は，物質の真の客観的な性質については全く無知であったために，無意識的な自己が偽－物質的なプロセスに自由に投影されたと考えています。ユング曰く，今日では，物質の化学的なプロセスについて十分理解しているので，物質から投影を引き戻して，それらを，本当の姿であるところの心理学的な現象として見ることができるといいます。しかし，私の疑問は，われわれの化学的プロセスの理解は果たして，物質それ自体の真の姿を知ると思えるほど十分なものだろうか，ということです。物質を，単一の観点，分離という単一の観点から知っているにすぎないのではないでしょうか。物質から分離して，それを客観的に観察したところで，真の姿に届くでしょうか？　分離という目によって知覚された現実の理解が深まるだけではないでしょうか。私にとっては，錬金術を，物質という白紙のスクリーン，白紙（タブラ・ラサ）に人間の魂が投影されたものであるとして理解することは，デカルト的な観点に基づくもので，魂は人間のみに存在し，物質それ自体は死んだもの，魂

のないものと仮定しているように思えます。オーストラリアのアボリジニーの立場は，錬金術師のそれと非常に近いものです。ユングなら，そのような観念を，20世紀初頭の人類学者レヴィ・ブリュール Levy-Brühl に倣って，神秘的融即と呼ぶでしょう。アボリジニーは，周りの世界，山も岩も風も星も，すべてが生きていて，世界にそれぞれの歌を歌ってやらないと，世界は記憶を失い老いて死んでしまう，と思っています。イスラムの預言者は，世界が，夢と同じく創造不断の状態にあると思っています。仏教徒は，幻影(マーヤー)のヴェールが絶えず現象を創り出していると思っています。日本のアニミズム論者は石ころ一つにも命が宿っていると思っています。私は，錬金術を夢と同じように扱いたいと思います。登場人物が話すことを，その言葉通りに受け取るのです。それらを解釈するのではありません。私にわからないのは，物質には魂などないという現代の西洋の立場が，物質に魂があるという概念にみられる形而上学的な立場と同じものではないと，どうしていえるのか，ということです。魂と物質の関係は，経験的には確立しようのないもので，先験的(ア・プリオリ)な観点だと思うのです。魂など見たこともないし，だから人間は魂など持たないと主張する脳外科医のことも知っています。しかし，直観的 (instinctively) に，彼らは間違っていると思います。直観的に，彼らの観点が，魂などないというところから出発しているので魂はないという結論になることがわかります。だから私は，錬金術師が物質は創造的な火花を宿しており，それによって物質は不断に創造され，鼓舞され，魂が入れられる，と言う時，その言葉をそのまま受け取るのです。それを集合的な無意識の投影とは見ません。そうすればそこで語られていることが理解できないでしょうから。錬金術を投影とみることは自分が知らない現実を知っていると仮定することになってしまいます。結局，われわれはすべて，形而上学的な出発点から始めるということになるのです。「通常の覚醒した意識状態で，自分の五感で知覚できるもの，自分の思考で理解できるものだけしか信じない」という立場ですら，現代の形而上学的出発点なのです。錬金術師は，物質が生きていると告げるような意識状態をもつ人たちだと考えて，その意識状態を私は研究するのです。それに成ること，全身全霊を込めてそれと同一化する

ことによって，意識状態を研究するより他ありません。これは私のドリームワークの方法であり，錬金術を研究する方法でもあります。この立場は治療にも直接示唆するところがあります。治療では単一の意識に偏った西洋的バイアスが共有されています。そのような，通常の覚醒時の意識は，主体と客体とを分離し，数式を捜し求めることができるので，この種の意識によって多大なる成果が成し遂げられました。覚醒時の科学的な意識のことを非難するのは私くらいかもしれません。私は，科学技術が好きですし，医学をすばらしいと思いますし，物理学の発見は驚異的だと思いますし，自然の客観的な研究も強く支持します。しかしながら，夢とのワークから，どの人も，さまざまな意識状態に参入し，その中には数式ではなく夢と同じような意識状態もあることを知りました。錬金術を研究することによって，意識状態を変え，異界に入っていくこと，21世紀の覚醒時の意識には根本的に理解できないような世界に入っていくことが可能となるのです。意識の状態は変化を余儀なくされます。

> ユングの『結合の神秘』II，#365（英訳はBosnakによる）：「この『天』を製造することは象徴的な儀式であり，実験室で起こるものである。彼（錬金術師）が，物質という形で，この真実，天の物質，この香油あるいは生命の原理，をもたらす，と考えられている。心理学的に言えば，これが意味するのは，まさに化学的な物質と手順の利用による個性化過程そのものであり，それは，今日では能動的想像と呼ばれるものである」

ユングが理解する能動的想像とは，無意識的な人間のこころと人間の意識とが相互作用するための方法です。しかしこれは，錬金術師がしていたことではない，と私は思います。錬金術師が扱っていた「天」とは，人間の中にも物質の中にも等しく存在するものであり，また創造行為そのものの中にも存在するものでした。彼らは，人間と物質とが**共通して持っている**物質に対して作業をしたのです。治療的な観点から言えば，治療者とクライエントとが作業している物質とは，両者が共通して持つものであり，両者が属する「天」なのです。個性化過程が生じる「天」とは，治療者，クライエント，

治療過程のいずれをも創り出している隠れた物質なのです。この「天」に，太陽は昇り，新しい方向づけを行います。治療とは生きた過程であって，その中で共通する「天」が形を成し始めるのです。治療において，個性化するのはクライエントだと考えられるのが常でした。これは分離の観点に他なりません。錬金術的な「天」の観点から進むならば，個性化するのは治療そのものということになります。結合の神秘が指しているのは，第三のものの個性化，治療者／クライエント／治療という単一体の個性化であり，「天」の個性化だと私は思います。ドリームワークにおいては，夢見手とドリームワーカーとが夢の中に入っていくたびに，夢／夢見手／ドリームワーカーという共通の「天」が布置されます。ドリームグループでは，この単一体は，夢／夢見手／グループ，となります。共通の「天」を自覚することで治療的な関係性が変化します。われわれの「天」は同時に，さまざまな個性化にも含まれています。治療者が受けている多彩な個性化は，それが属する多重の「天」に対応しているのです。

第12講
賢者の石（The Stone of the Wise）

サンプルの夢
これらの夢を皆さんならどうワークしますか。

- どうやって始めますか。
- 夢のどこからまず質問を始めますか。
- どこで終わりにしたいと思いますか。
- 他の登場（人）物に入りたいと思いますか？　そして，それは誰（どれ）ですか。
- 夢の中でどこに心理身体的な対比が一番強くあると思いますか。

夢A（女性）　私はバレエのクラスにいる。バーにつかまって練習しながら，体の感覚を楽しんでいる。すると先生が入ってくる。先生は私にもっと長く伸ばすように言う。私は伸ばす。長く，高く，と先生は言う。できる限り高く伸ばすが，先生に期待されるところまで届かない。打ちひしがれたように感じ

て目が覚め，背中が痛む。

夢B（女性）　二人の女性がブランコに乗っているのが見える。曲芸的な乗り方をしようとしている。とてもリラックスしているように見える。一人の女性が降りてくるブランコにさかさまにぶら下がっているので，もう一人は彼女を足で掴まえる。その状態で前後に揺れている。ぶら下がっている女性が落ちてしまうのではないかと心配になる。前後に揺れたまま。ぶら下がっている女性も怖がっているように見える。上にいる女性はとても自信があるように見える。

夢C（男性）　私は車を運転している。楽しんでいる。私の座席はかなり後ろに下がっているので，ペダルははるか下にあって足が届かない。座席にゆったりと座って辺りを回っている。それから私は丘に上がろうとするが車が前に進まない。バックする。それから再び車を進める。突然，別の車が目の前にいる。ブレーキを踏もうとするが，ブレーキが利かない。繰り返しブレーキを踏んでいるとだんだん利いてくる。それからとてもゆっくりと，目の前にいる車に衝突する。ほとんど傷はない。自分がひどく愚かに感じられる。

錬金術的手順の簡単な要約

　錬金術師によると，まず最初に，神の創造がありました。しかしながら，最初とは，ビッグ・バンのような時間的に存在するものだけではなく，「最初」は，物質の原初の核として存在し続けるものでもあります。世界が創造的な情熱の塊から成立していると知ることで，彼（ほとんどの錬金術師は男性でした。神秘的な妹〔soror mystica〕と呼ばれる女性と共同作業をするものもいました）は，この神の情熱が物質という形で固まることを知りました。それは，牛乳から凝固したチーズ，水が結晶化した氷のようなものです。彼らのそのような確信は，物質の最も基本的な性質は量子力学によって記述されると知っているとわれわれが思うときの確信と変わらないものでした。氷と同じように，もし物質が適切な方法で溶かされると，それは再び生き生きとした流動性を得て，彼らが生きている銀と呼んだ物質，化学的には水銀と呼ばれる物質が得られます。（とはいえ，これらの生きている銀とは通常

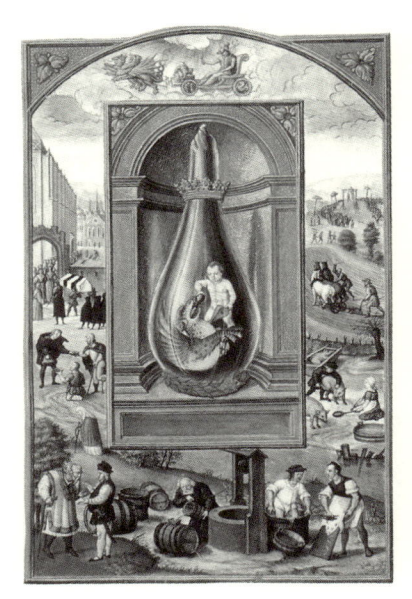

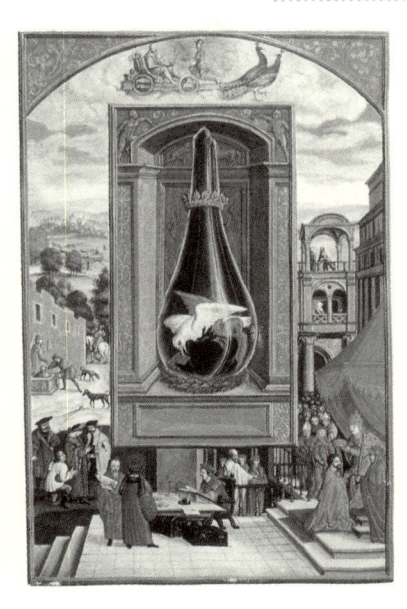

図 10

の水銀ではない，と錬金術師はすぐに言い足すのが常でした。）物質の心臓には，創造主の夢見る想像力が眠ったまま潜んでいて，火の術によって目覚めさせられるのを待っています。術によって生き返ると，イメージは錬金術師が使う容器に流れ込みます。生きたイメージが容器の中の世界に住みつきます。この創造的イメージの世界は，鈍い体から自由になって，活発に動き始めます。というのも，すべての物質が，錬金術師の言うところでは，生き生きとした宇宙的なドラマであり，元素という役者の演じる演劇だからです。役者は，暗いステージのうえで眠っていたのですが，錬金術師が彼らを目覚めさせ，舞台照明を当てると，ドラマを演じ始め，何年にもわたって最大の注意を払うに値するようなドラマになるのです。この行動の段階は「天」，caelum と呼ばれました。それぞれの物質の塊が凝固した「天」であり，解放されるのを待っている情熱なのです（『太陽の光彩』図 10 参照）。

　人間は物質からできていますから，われわれも，凝固した「天」です。われわれは物質ですから，「天」を解放することができます。錬金術師の仕事

図 10

はこの創造的な力を抽出することであり、それを濃縮し固めて、宇宙の原初的な創造の光を意のままにできるようにすることでした。これは哲学者の石と呼ばれました。この仕事を成し遂げるために、さまざまな加熱の技術が使われました。錬金術師は、ゆっくりと加熱を始め、あらゆる物質を包んでいる厚い殻を柔らかくし、それを溶かして開き、変容をもたらす力が入ってくるようにしました。これが、死と不吉な出来事が起きる暗い段階、黒化と呼ばれる悪臭を放つ醜悪な段階です。これ以外に厚い殻を溶かす方法はありません。われわれの知る物質の姿は、天が厚い殻に入れられた状態なのです。その後この混成物は加熱され、生きた精神(スピリット)、「天」がその厚い殻から出てきて分離します。これは昇華と呼ばれました。それからその昇華した精神(スピリット)を凝固してその厚い殻に戻し、これを繰り返し行いました。それに内在する生きた精神(スピリット)、「天」を、それを閉じ込めている物質から分離し、またそれを固めてそこに戻すのです。ついに、非常に洗練された白い灰になります。この瞬間が白化と呼ばれる、白くなる段階です。この精錬された白化の物質から、

図 10

純粋な天が姿を現します。この微細な物質，この純粋な「天」が徐々に微細にされ，精錬されて，ほとんど純粋な精神(スピリット)になるのですが，それでもまだ物質の痕跡を残していて，それはちょうど記憶がそれのもととなる出来事と結びついているかのように物質と繋がっています。矛盾することですが，この記憶は，出来事が生じる前のことに関するものです。その記憶から，物質が凝固してきたのです。錬金術師は物質を原初に戻したのです。純粋な天は生きたイメージの世界です。この純粋な天が原初的な状態にあると，赤化，赤くなる段階と呼ばれ，太陽のように生産的であるとされました。

　錬金術師が物質を見つめている時に，イメージが体を創り出すのが見えたのです。天は能動的な原理で，体はその活動が一時的に止まった状態でした。それぞれの体は，産出的なイメージであり，錬金術師にその最終状態から解放してほしいと求めました。産出的なイメージとは，ものの目に見えない形であり，物質をその形式に引き寄せる一種の磁気的輪郭のようなものです。場を創り出すような「磁気的」な形に天は隠されていて，イメージを生み出

図 10

し，それが錬金術師の目には果てしなく魅力的な生きたドラマと映ったのです。天（caelum）という言葉に対するもう一つの訳語は，彫刻師の鑿です。天は物質の心臓にその存在を彫り込んで，物質を存在たらしめているのです。

　錬金術同様，治療においても，この天の再創造はしばしば，結婚のイメージに現れてきます。結婚とは男性と女性で表象されるような対立する原理を全体的に織り交ぜることを指します。体と「天」とが今や同一であることを意味します。これまで述べたような産出的なイメージ，天，展開の「最初」と，その存在形態，その終着点，体を持った姿とは，今や同一なのです。時間的なものと永遠のものとの間にあるこの同一性が結婚の精髄（エッセンス）です。治療的には，クライエントの人生の道のりは，密接に，個性化のプロセスの核と符合し，そのプロセスにおいて，特定の個別性の精髄が姿を現すのです。クライエントは今や適切な道にいて，自分の行くべき方向を十分知っています。私の本に『夢の荒野を進む道』（"Tracks in the Wilderness of Dreaming"）

と名づけたのもそういう理由からです。これは治療を終えるのに理想的な時期でもあります。

　すぐれた夢見手の方が夢を出してくれて，私は彼の勇気と忍耐に感謝を申し上げたいと思いますが，彼はまた，作業のこの段階に関する本質的な夢を提供してくれました。

夢12　私は結婚式に向かっている。滑りやすい坂を登っていかねばならない。
　　　大きなホールに来る。私は客の一人で，後ろの方に座る。司会が新郎新婦に話しかけている。あるところまで進んだときに，突然，誰かが司会のマイクを取って，「ちょっと待ってください！　お祖父さんお祖母さんに感謝しましょう！」といっている。夢見手は人々が敵意の目で彼を見ていると感じている。彼は締め出されたように感じるが，でも最後まで居ようと決心する。

　この夢について少しだけワークをした時に，夢見手は，彼が祖父母に親近感を持っていて，祖父母は彼にとって智慧を表すものだったと語ってくれました。彼は祖父母の存在とその智慧を感じることができるのです。
　結合の夢ではたいてい，夢見手は結婚式の客であり，結婚しようとしている人ではないことが多いとユングは言います。それは自我を巻き込むような結合ではないのです。自我は単なる観察者です。ユングはこのことを，クリスチャン・フォン・ローゼンクロイツ――薔薇十字団の創設者ですが――彼の『化学の結婚』を用いて示しました。その本の中でも，巡礼者は客として結婚式に招かれています。
　この授業の全経過を通してみてきたように，この結婚への道のりは，まさに滑りやすい道を登っていくことでした。われわれが通り抜けねばならなかった影の国のことを思い出してみてください。他者を理解できないという感情，違っている，分離している，よそ者である，欲求不満などの感情はいずれもそうです。
　この夢において，自我の体験に焦点を当てることはやめましょう。ユングが示唆するように，注目に値するのは，結婚する男女そのものだからです。

自我は単なる客に過ぎません。男女ということから先祖のことが思い出されます。先祖は「最初」，すなわち天が，体を伴ったもの（embodiment）です。アボリジニー的な自己，最初からそこにあるものを表します。新郎新婦は，アボリジニー的な自己の時間的な表現であり，これはまた智慧の体験を生むものです。

　さてわれわれの眼前には，ワークの極致，賢者の石があります。このクラスは，われわれという集合的な存在によって図にされた，われわれ自身の進路を辿ってきました。おそらく皆さんも私も，錬金術という先祖の智慧に少しくらいは影響を受けたのではないかと思います。

文　献

Bosnak, R. (1996) Tracks in the Wilderness of Dreaming. Delacorte Pr.
Bosnak, R. (1997) Christopher's Dreams. Bantam.（岸本寛史訳（2003）クリストファーの夢―生と死を見つめた HIV 者の夢分析．創元社．）
Hillman, J. (1979) The Dream and the Underworld. Harper and Row.（実川幹朗訳（1998）夢はよみの国から．青土社．）
廣川洋一（1997）ソクラテス以前の哲学者．講談社学術文庫．
Jung, C.G. (1916) The transcendent function. In : The Collected Works of C.G. Jung, 8. Routledge and Kegan.
Jung, C.G. (1946) Psychology of the Transference. In : The Collected Works of C.G. Jung, 16. Routledge and Kegan.（林道義・磯上恵子訳（1994）転移の心理学．みすず書房．）
Jung, C.G. (1955-1956) Mysterium coniunctionis. In : The Collected Works of C.G. Jung, 14. Routledge and Kegan.（池田紘一訳（1995/2000）結合の神秘Ⅰ，Ⅱ．人文書院．）
Jung, C.G. (1961) Memories, Dreams, Reflections. Pantheon Books.（ユング著，ヤッフェ編，河合隼雄・藤縄昭・出井淑子訳（1972）ユング自伝―思い出・夢・思想．みすず書房．）
Trismosin, S. (1991) Splendor Solis (Translated by Godwin, J.). Phanes Pr.

第2章 臓器移植における統合と両価性(アンビバレンス)

　心肺移植のレシピエント［訳注：臓器移植において臓器提供を受ける患者のこと］であるクレア・シルヴィア Clair Silvia。夢に情熱を持つユング派分析家の私。この二人が中心になって，他人の心臓をもつ7人の人々とニューヘブンで月に一度の集まりを持つようになって1年半になるが，その中で印象的だったのは，レシピエントがしばしば自分自身のことを指して「移植片（transplants）」と言うことである。「私は移植片だ」というように。かつて開胸心臓手術を受けたある参加者は，錯綜するバイパス血管のため，体内にロサンジェルスの高速高架道路の交差が作るスパゲッティがあるように思われるほどだが，その人が強い調子でこう述べた。移植は古い臓器が修理される外科手術とは質的に全く異なるものだと。恐らくこれが患者の移植手術との同一化の理由だろう。移植はアイデンティティの変容であり，部分的には，移植片はしばらくの間その患者のアイデンティティとなる。それゆえ，「私は移植片だ」ということになる。
　われわれのグループの会話の注目すべき成果の一つは，心臓移植レシピエントのそれぞれが自発的に，ドナー［訳注：臓器提供者］，あるいは移植臓

器を,程度はさまざまだが「他人」と見なす経験をし,その「他人」と何らかの形でコミュニケーションが起こる,という発見であった。新しい心臓を「他人」と思ったことなど断固としてないというある婦人ですら,手術の直後にこう述べている。「おまえは今まで他人のものだったけど,今から私のものよ」。本論では,心の深層で起こる古い自己と新参者との出会い,さらに,移植患者が経験する著しいアンビバレンス,歓喜と恐怖からなる経験,に焦点を当てる。

D. は若い女性だが異常な体験をした人である。もちろん移植患者の命そのものが常軌を逸した中で演じられているのだから,彼らにこんなことを言うのは冗語になるが,しかし D. は新しい心臓を持つこの先駆的な人々の集団の中ですら特別な存在だった。彼女は他人の心臓で生きながら子どもを満期出産した世界で4番目の女性だったからである。彼女は自分の見た幽霊について話す。

「それは心の中にあったイメージから始まったのです」と D. は始める。その言葉には迫力を聞き取ることができる。彼女は,心臓の持ち主の両親に,その心臓を大切にさせていただいていますと告げたい,と述べたばかりだった。しかし彼女はドナーの両親が誰か,どうやったら連絡を取れるかは知らなかった。彼女の話のこの部分には欲求不満があふれていた。移植以来,今までに4年以上の歳月が流れていたが,彼女は自分が受け取った心臓は,誰もそんなことは言っていないにもかかわらず,小さい子どもをもつ母親のものだと信じていた。

「どんなイメージですか」と私は尋ねる。

「小さい子どもを連れた女性と男性のイメージです。幼児ではありません。年はわかりません。それから,その女性が人工呼吸器に繋がれたままベッドに横たわり,その周りに彼女の両親がいるのが見えるのです。彼らが両親ということはすぐに分かりました。白髪交じりの髪の毛が見えました。ほぼ年齢相応だと思います。これらは私が覚醒しているときに見たイメージです」

「その影はどんなふうに見えましたか」

「彼女は私の方に近づいて来ますが，地に足がついてなく，足がないのです。顔もないのです。顔がついてないのです。まさに雲のようなイメージで，私を脅すことはありません。そして私のすぐ近くまでやって来て消えるのです」

「それは意志を持っていますか」

「思い描くことができません」。彼女は静かに座り，しばらく幸せそうな表情をしている。これは明らかに慈愛に満ちた影である。ここでわれわれは移植の生命を与えるという側面に出会う。突然彼女の顔が歪み，声が震える。「それから何度も，二つ以上のイメージが，暗いイメージが生じてきます。彼らは私を脅します。彼らはナイフか，銃か，斧か，とにかく私を傷つけるのに必要な何かを持っています。だんだん近づいてくるのでいつも私は夫を起こします。すると彼らは消えてしまいます。戸口から入ってきて私のベッドの上に立ち，まるでそこは私がいるべきところではない，おまえは生きるべきではなかったとでも私に言おうとしているかのようです。私には分かりません。彼らはいつもすてきなイメージのあとに決まって現れるのです。ぼんやりとしたイメージです。親しみのある白い雲のようなイメージは私に何か言おうとしているようですし，暗いイメージは私をただ脅そうとしているかのようです」

ここに移植に対するアンビバレンスが見える。一方では移植は彼女に生命を与え，彼女の受け取った心臓の持ち主である若い女性に感謝を感じているが，一方では悪魔は彼女に死んでもらいたいと思う。私は神話上の医師アスクレピオスのことを思い出す。アスクレピオスは患者を死から蘇生して地界の激怒を引き出した。彼は境界を越えてしまったのである。D. も自分の「行き過ぎ」に対する同じような地界の激怒を経験しているように思われる。彼女は生きるはずではなかった。

「その黒い存在の正体についてもう少し話してもらえませんか」

「彼らは頭巾をかぶっています。本当は顔がないんです。どこからが手なのかも分かりません。描写するのが本当に難しいんです」

「彼らはナイフをもっていると言いましたね。銀の刀でしたか。それを見

ましたか」

　「実際のところ色の違いまでは分かりません。全てが黒。それを見ると必ず震えがきます。いつも震えてしまうのです。彼らは地に足がついてなくて，いつも空中に浮かんでいるのです。娘の寝室から出てきてホールを横切って来ます」。D. が言っているのは移植後に懐妊し生まれた娘の部屋のことである。「バスルームがその間にあります。そのイメージはいつもその寝室から始まるのです。何度か，私はとび起きて娘が大丈夫かどうか見に娘の部屋に駆け込んだものです。彼らが娘のところに行こうとする理由は私には分かっています。彼らは娘がまず第一に生まれてくるべきではなかったと感じているからです。でも娘はいつも静かに眠っているのです。時々は玄関から入ってきたこともありました。その他には，玄関から始まってもすぐにドアのところにやってきて，私の部屋のドアからベッドまではゆっくり進む。それからベッドの上に上がり，ベッドの上の明かりのそばにいることすら何度かありました」

　「見る以外にほかの感覚は何かありましたか。何か聞いたり，匂いがしたり，感じたりはしませんでしたか」

　「いいえ。私はただ彼らが私を傷つけようとしているという感じがしただけです。彼らが私に警告し，告げたいことがあるという感じがしただけです。彼らはライトの上に立っています。明かりは私には安全な感じがします。もし私が明かりのスイッチを入れると，彼らは消えてしまいます。私は固まって動けなくなってしまいます。私は自分に動きたいのだと言い聞かせ，それから叫びたくなる。でも声は出せないのです。私は夫の方に向き直り尋ねてみます。『あなた，あれを見た？』」

　「ご主人は一度でも見られたことがあるのでしょうか」

　「いいえ」D. は落胆して答えた。「夫は一度も見ていません」

　「では，彼らの存在はこの椅子のように触れられる類の現実ですか。それとも別の種類の現実ですか」

　「違う種類の現実です。私は彼らがほとんど透けて見えます」

　「それでは彼らは幻ということになるのでしょうか」

「ええ。幽霊のようなものです。それが私の言いたかったことなんです」

クレア・シルヴィアも彼女自身幽霊の体験をしていた。われわれのワークは普通の心理分析の形で始めたのだが，しばらくすると，クレアの中にもう一人の存在がいるという彼女の確信を研究しようと決めた。つまり他にも同じような経験をもつ人がいないかどうか調べることにしたのである。ある夏の晩遅く，彼女は私に電話をかけてくる。彼女が夜のそんな時間に電話をかけてくることなどなかったので，何か劇的なことが起こっているに違いない。ヒステリックな声で息を荒立てながら彼女は話す。しばらくして彼女が『ゴースト』という映画を見て恐怖に陥ったことが分かる。

「私はその幽霊をみて完全に私のことだと思ったんです。特に幽霊が壁を通り抜けるシーンで。それは私が移植直後に見た夢と驚くほど似ているんです。私が家に帰ったとき，私は全く幽霊のように感じたのです。私には体がなかった。それはとても恐ろしいことでした。私は怖くなって電話せずにはいられなかったんです」。クレアは幽霊を，映画の中で死んだ人物の観点から，そして同時に彼女に生きたまま心臓と肺を提供してくれた亡くなった少年の観点から体験している。

彼女の言っている夢は移植後4カ月に見られたものだ。

夢 私は壁を歩いて突き抜けた。それは簡単だった。そうしようと思うだけでよかった。私は壁を背にして立ち，始めは試みに，静かに，とても静かに体を壁にもたれかけ，それから体で軽い圧力をかける——すると反対側に出る。この夢から覚めて私は移植のことを思い出しました。移植もそんな感じではないでしょうか。私もあっちの世界へ行ってこの世界に戻ってくる，見慣れているけれど異質な感じのするこの世界へ。

『ゴースト』という映画は，死んでしまったがこの世を離れられない男についての映画である。彼は一種の微細身(サトル・ボディ)という形でこの世に留まるが，生きた世界とは唯一，敏感な媒体を通してのみ交信できる。しかしながら，彼がこの媒体を見つけだすまでは，周りの世界とコミュニケートするという彼の企ては苦難に満ちたものである。仕事のことしか頭になくて歩き回ってい

るような生きた人間に届く方法が分からなかったからである。そのかわいそうな幽霊は彼の見慣れた世界の中で全くの異邦人と感じる。彼の体は粗大な物体ではなくて，微細な物質からできており，その様子はハリウッドの特殊効果によって体を透かして見せるというように表現されているが，それで彼は壁を通り抜けることができる。彼が初めて壁を通り抜ける時の様子は，その２年前に夢の中のクレアが振る舞う様子と全く同じである。とても静かに壁にもたれ掛かり，ほんの少しの圧力で壁を突き抜けていく。

　クレアの幽霊の夢は，これまで死という突き抜けられない壁の両側で起こる生を描写している。一方の側から他方の側へ渡るというテーマは彼女の夢に何度も出てくるテーマである。例えば最初の幽霊の夢から３年後にクレアは若い男の夢を見る。その男は高慢で肩マントをしている。彼女がどこへ行くのかと尋ねると，彼は言う。「私はあっちの世界へ行き死ぬのです」。それはどんなふうですか，と尋ねると，彼は答える。「ああ，私はすぐ戻ってきます」

　クレアはこう書いている。「もう境界などない。ある意味，私は壁を歩いて突き抜けられる。もう単なる死すべき存在ではない。私は死を味わった。死を欺いた。怖いものなどない。何でもできる——これが超人である」。クレアは恐怖と歓喜の両方を体験したのだ。

　クレアの体験からわかるのは移植が無意識的に２つの観点から体験されているということである。生きているレシピエントと死んだドナーという２つの観点から。形而上的な意味でこう言っているのではない。実際のドナーの霊がこの経験に関わったのかどうかは，私は知らない。ドナーのそれとして感じられるような観点のことを言っているのだ。糸口を，心臓移植を受けた男性に探ってみよう。彼は移植直後にまだ集中治療室にいるうちに夢を見る。

夢　あなたが死ぬとあなたの魂はだれか他の人の体に入ります。他の人の体で私が目覚めると私の周りのすべてが全く奇妙で眩くて色鮮やかです。移植の全経過で一番恐ろしい瞬間でした。途方もないくらいの恐怖を感じました。

この夢は移植された心臓の観点から体験されているように思われ，この魂が今や急に見知らぬ体に入ったかのようである。

高揚と恐怖というこの矛盾した体験を基礎に置くと，移植が重い心的外傷の素因となることは明らかである。この外傷との連関は確立される必要のあるものである。クレアの夢世界では手術後4カ月にこれが起こった。しかしながら，夢のワークで見られたように，体験の苦痛な衝撃を意識が感じるためにはさらに長い期間を要した。移植後最初の1年は，クレアはただ高揚だけを体験し，恐怖は感じなかった。ある夢で術創だらけの男が出てきた。われわれは彼をスカーマン［傷男，Scarman］と呼ぶようになった。彼には移植手術の術創があった。彼は外傷を描き出したものといえる。

> 私が椅子に腰掛けていると，私のすぐ後ろに男が座っている。私は彼に背を向けている。彼は私に話しかけ，私を愛する。しかし，私が振り返って彼を見ることは許してくれない。彼は私に自分の姿を見られたくないようだ。彼が大勢の中の一人なのか，彼を見ることが私には危険なのか，何が間違っているのか，私は知りたく思う。結局私は彼を説得し，彼は私を信頼するようになり，姿を見せてくれることになる。振り返って彼を見ると，手も顔もすべて傷だらけである。容姿がひどく歪んでいるので私が拒絶しやしないかと心配したのだ。私は醜いとも不愉快だとも思わない。実際，私は彼の顔と手を愛撫する。彼が素敵で美しいと思う。その時以来われわれは真に癒し合う関係をもつこととなる。
> 次のシーンではわれわれは一緒に生活し，関係をもつ。互いに抱擁しあう。他の人が私たちのことを見ている。彼の大切な絵が一枚ある。それは三幅対でそれぞれ宗教的，色彩的，古代的な絵で，他の時代のものである。私はそれの配列を変えながらテーブルに持ってくる。それから私たちは食事をする。彼は私にたくさんのことを教えてくれる。とても受容的で愛情的なやり方で彼は私の嫌な点についても話してくれる。彼はとても聡明かつ機敏でたくさんのことを教えてくれる。

実際に夢を見てかなり時間が経った後，私たちがこの夢の最初の部分についてワークした時も，細部は鮮明で明快だった。夢は分析の1年も後に見たものだった。

「私は部屋にいます」とクレアは始める。目を閉じて夢を見たときを思い

出しながら。

「どんな夢ですか」と私は尋ねる。

「人はだれもいないようです。私にはただ私たち二人が椅子に座っているのが見えるだけです。私の後ろに彼がいます」

「お互いどのくらい離れていますか」

「とても近いです」

「触れていますか」

「いいえ」

「大声で話していますか，それとも優しい声ですか」と私は尋ねる。これらの質問は彼女の記憶が立ち現れてくるのを促すという働きがある。このようにして夢イメージの存在が実際夢を見ているときとほとんど同じくらい現実味のあるものとなる。

「今私たちが会話しているように。普通に」。われわれの会話は親しみのあるものに感じられる。彼女が現在の状況に言及したことから，私はクレアと夢人物の「スカーマン」との関係が私たちのそれと同様のものであると認識する。「どんな服を着ていたか覚えていますか」

「いいえ。普段着だと思います」

「床はどうですか」

「灰色のように思います」

「天井は高いですか」。こう尋ねて，立ち現れてきたイメージから高さの感覚を得たいと思う。

「ええ」。今やわれわれはつながる。私は彼女のイメージを内部からあるがままに感じることができる。

「部屋の雰囲気はどうですか」

「静かで穏やかです」

「あなたは自分の前の方を見ていますか。それとも視線は内に向かっていますか」

「私は前を見ています」

「背中に意識を集中することができますか。そこに座っていて背中に何を

感じますか」。関心を視覚中枢からもう一人の人物に物理的に近い位置にある背中へと移すことで，意識は精神的なものから内臓的なものになる。目は背中の後ろで起こっていることは見ることができない。
　「私は彼が私の椅子の背を触っているのを感じます」
　「それは真っすぐな背もたれのある椅子ですか」。私も椅子が真っすぐなのを背中にほぼ感じることができる。私は目を開けると，クレアが背筋を真っすぐにして座ったまま頷くのが見える。
　「心地よいですか。不快ですか」
　「心地よいです」
　「男の声はどんなふうですか」
　「深くて響く声です」
　「優しい声？　それとも冷たい？」
　「優しくてとても自信のある声です」
　「この瞬間をどう感じますか」
　「平穏です。快適で安心できる環境にいると感じます」
　「それで彼があなたに振り向くように言うのですか」
　「彼が言葉を話すとは思いません。私はただ感じるだけです」。われわれは今や内臓的な知の領域に深く足を踏み入れた。
　「じゃあ，あなたは振り向いてみたいですか」
　「ええ。振り向きたいという衝動を感じます。でも彼が許してくれるまではよそうと思います」
　「振り向きたいという気持ちと止めておこうという気持ちと，どんな感じですか」
　「少し心配です。何が見えるか分からないので少し怖いです。どうして彼は私に見て欲しくないんでしょうか」
　「そのときの恐れに集中できますか」。こう要求したのは意識化の直前でペースを落とそうと思ってのことである。クレアはスカーマンのことを，彼がどんな人なのか思い出そうとし始めている。「自我」（よく知られている自分のイメージ）は，新たな覚醒状態に入るときにはいつも傷つくものである。

特にクレアのように子どものときからずっと，苦痛な現実を否定し，何事にも肯定的な面を見ようとする人にとっては，不安のような暗い感情を体感することは命に関わるほどのことである。変容的な洞察は通常，幾分かは怖いものである。これはクレアの最初の反応でもある。彼女は最初，大群を想像する。あなたのよく知らない大群がすぐ後ろに座っていると考えたら怖いだろう。これは見知らぬものに対する恐れなのである。それは新しくて異質な何かの予感であり，「自我」はそれに適応したり，拒絶したり，逃げたりする。

「ええ。私は体が震えるのを，お腹が震えるのを感じます。筋肉は緊張しています」。私はしばらく休んで，不快が静まるのを待つ。「振り返り始めたとき，お腹に何を感じますか」。私は振り返り始めたときに私自身の背骨がねじれるのを感じる。私は恐怖を感じる。

「興奮です。蝶のような。神経質。未知のもの」。クレアは恐怖については話さず，私自身の恐怖が強まるので心配になる。まるで彼女がこの恐怖を積極的に拒絶したかのように感じられ，今度はその恐怖が私の内面に宿ったかのように思われる。私の腹は苦痛に捩れ，自分のものではないかのように感じる。私はクレアが忘れた痛みを感じているのだと推測する。一方が体験できない恐怖は，その相方に押し込まれることが，親密な関係ではよく起こる。

「最初に見えるものは何ですか」と私は続ける。私はこの動転したお腹も自分の引き受けることだと認識しながら。

「ひどく傷を負った男性（a very scarred man）です。髭があったと思います」

「どんな傷ですか」

「そうですね，顔に傷があります。頬にも額にも。手もひどく傷ついていました」

「目はどんなふうに見えましたか」

「優しく愛情に満ちて，年をとっているが非常に賢明に見えます」。クレアは全く輝いているというのに私の不快は高まるばかり。

「手を動かして彼の肩に触れられますか」。クレアとスカーマンの間に強い結びつきができた今，これからこの夢がどう発展するか私は好奇心を持って眺めている。この方法は能動的想像と呼ばれ，夢を拡げる方法である。

「触れた瞬間はどうでした。何か感じますか」

「暖かく感じます」

「暖かさ？」

「彼は受容的です」

「少しでも動転しませんか」。私は自分の傷のことで拒絶されはしないかと恐れていたスカーマンの夢の記述を思い出しながら尋ねる。

「いいえ，彼は本当に忍耐強く待っています」

「あなたが彼のことを受け入れてくれないのではと恐れていませんか」

「いいえ。もしそうなら彼は私が振り返ることを許してくれなかったでしょう。私が彼を受け入れることを知っていたに違いないのです」。心の目がスカーマンを見てしまえば彼はこんなふうになるのである。ただ手探りで背後に感じられた，拒絶を恐れていたあの人物は，もういない。これは重要なことだと思う。というのも，拒絶は，移植を受けたものが死亡する主な原因だからである。

「彼の受容をどう感じますか」

「暖かく抱擁されている感じ」

「あの傷があることについては？」

「素敵だと思います」

「傷があなたの体にあるという具合に感じてみてください」

「もうなくなってしまったわ」とクレアが言うと，私たちは同時に目を開け，夢のイメージから切り離されてしまう。

この時点でクレアはまだ傷の痛みを，彼女自身の心臓の痛みを，彼女の存在全体に影響を及ぼした手術の後に残された傷を感じることはできない。意識的な経験は主に受容のそれである。もう一つの側面は恐らく拒絶の恐怖のために遠ざけられている。拒絶は移植の第一の死因であるから。宿主の生物が，移植された臓器を侵入者とみなし，排除することによって宿主自身も死

ぬのである。生物学的な受容と拒絶は心理的な相同物を必ず持つ。拒絶とは，ある生物がほかの生物と関係を一切持とうとしないことを意味する。これは身体的なレベルでも心理的にも言える。クレアと私の分析的関係において，それは感情的なアンビバレンスとして演じられることになる。私は，彼女の強い新しい心臓と，人生に対する彼女の新たな情熱と同一化し，そんなときには恋に落ちたかのように感じることもある。かと思うと，彼女は，私が彼女を拒絶し，彼女を欲せず，愛してもいないと感じることもある。それで彼女は孤立したと感じ，私は要求をひどく重荷に感じるのである。

　スカーマンの夢は，クレアと傷痕が残る体験との関係を描いている。それは移植の後で彼女が覚えている最初の夢で，それ自体初回夢と見なせるわけで，問題の性質と可能性の方向を示している。もし初回夢を来るべき出来事のカレンダーとみなすならば，有用な全体像を得るだろう。

　スカーマンの夢によれば，移植後の第一相は拒絶に対する恐れの段階である。奇形があると（奇怪であると）拒否されはしないかという恐れと同時に，臓器の物理的な拒絶の恐れでもある。

　第二相は何が起こっているかを見ることについてである。クレアが夢ノートに書き記した最初の部分で，彼女は「見える」(to see)，または「見る」(to look) という動詞を最初の7行で6回も使っている。この部分は外傷的な出来事の後に残された傷を観察することを扱っている。

　第三相は関係性について述べている。これは外傷を持った存在と，つまり侵襲的な手術で歪められた自己の一部と，親密な関係の土台を築き，それと親交を持つようになることである。夢の中でクレアは「私たちは食事をする」と言っている。一緒に食べることは生の実質を共有する一つの形であると長らく認識されてきた。

　第四相は絵を手に入れることについてである。三幅対は正しく並べられれば意味のある絵を生じる。これはスカーマンにとって大切なことである。絵の断片を一種の秩序に収めることである。

　第五相は自分がどれほど周囲に迷惑をかけてきたかということを嫌がらずに学ぶことについてである。つまりもう自分一人の体ではなくなったので，

ネガティブな側面に向けられた鏡を持つことになるのである。

　夢の世界にふさわしく，これらの位相は同時に進行することもあれば，順不同で継時的に進行することもある。順序の感覚は日常世界のそれとは異なっているように思われる。日常世界で同時に起こったように思われる出来事は，任意の順序で意識に届く。

　アンビバレンスが移植体験の根底にあることを見た後は，分析においてこのパラドックスとアンビバレンスの感覚をできる限り意識に鮮明に保つよう努力しなければならない。これは苦痛を伴うが変化につながる可能性を秘めている。夢の導きによってその名を知ることになったドナーの家族と接触をとるかどうかについて深いアンビバレンスのただ中で，クレアは夢を見る。

　「ボートか汽車で旅行をしています。とても快適で――たくさんの人が――一緒に食べたり遊んだりしています。私はある家族のことで頭が一杯です。両親と小さい男の子がいます。幼い子の方と私とは特別な関係にあります。その子は私にプレゼントを取り出します。薔薇の花です」

　「この航海で，その小さい男の子が亡くなったけれども，だれもそのことを話そうとしないことが知られました。それが私と何か関係があることを知ります」

　「私は黒髪のたくましくてハンサムな男性のすぐ近くに寝ています。彼はそれまで父だったのですが，二人兄弟の兄となり，三番目となったのです。彼は私が自分の物語を世界に話すよう手助けをしてくれています。私は何かを求めているのです。私たちの親密さはとても素晴らしいと感じています。私に薔薇をくれた少年に起こったことに対しての欲望と悲しさが途方もなく感じられます。この悲しさについては，直接は話していません。私は彼を優しく愛撫します。私たちはすぐに愛し合うでしょう」

　「私は巡航中です。休日に。洋服を見ると20世紀のようです。ひらひらしたドレスが見えます。『オリエント急行殺人事件』という映画のような感じで，とても豪奢です。美しい人たちが毛皮を着て，上品に，何かが起こっているという感じを抱きながらいる，ほとんど，アガサ・クリスティのエルキュール・ポワロの話のようです。大きな船がどこか大洋の真ん中で独り航行しています」

　「特にどこかに向かっているというわけではないのですね」。私たちはどこに進んでいるのだろうと思いながら，私は尋ねる。

「いや，どこかに向かってはいますが，どこかは分かりません。多分ヨーロッパに向かう途中のような気がします。女性知事の仕事だったかもしれません。わかりません。夢の中ではただそこにいて，船に乗って進んでいるのです。私たちはダイニングルームのテーブルについてディナーをとっています。とても広くてたくさんの人がそれぞれのテーブルについています。いや，そうじゃない。私たちは甲板に上がっています。私はこのテーブルに私が熱中している例の人たちがいるのが見えます。私は実際のところテーブルにはついていません。私はダイニングホールにいるこの家族をある甲板から眺めています。彼らは長い長方形のテーブルにいます。テーブルの上座にはだれもいなくて，長い方の縁に座っています。父親と母親──彼の妻──がその横に。二人の男の子がいます。一人は年下です。今私も同じテーブルに座っています。少年のうちの一人が母親の隣に座り，もう一人が私の隣に座っています。年下の方の男の子は黒髪で膝までのソックスをはいていて，短パンにジャケットという姿です。12世紀の寄宿学校の制服のようで，髪は真ん中で分けてあります。とても立派な姿です。その少年はとてもかわいらしくてやさしい表情をしています。愛すべきかわいらしい少年で，とてもハンサムです。彼は私とぶつかりました。私は特別な感情を持ち，彼と関係があるように感じます。私たちはとても親密です。彼は8歳くらいに違いありません。私は今，8歳の男の子が私の右にいるのが見え，私はテーブルの端に座っています。場面が変わったように思われるのは，少年が私に贈り物をくれたからです。それは一枚の紙で，その上に彼は薔薇を描きました。私は何年も前に薔薇を何枚も描いて，裏に何か書いたと思うのですが，それを夫への贈り物としてあげました。それは特別な意味を持っています。詩かその類いのものを書きました。それが今見えている薔薇です」

「ご主人にそれをあげたのはどういう気持ちから？」
「心からの愛を込めて。真心を込めて」
「ある意味では，その少年はあなたに心［heart, 心臓］をあげているのですね」と私は尋ねる。
「ええ」。彼女の声にはまったく確かな響きがある。彼女の肯定的な答えが，結論のように感じられる。彼女はこの少年と「ティム」（クレアが抱いているドナーのイメージ）が同一の人物であることを自覚している。
「今どんな感じがしますか」

「とても悲しいです。喉が詰まりそうです。それはとても深くとても苦痛な悲しさです。それをお腹の中に，喉に感じられます。それが，切望なのか，後悔なのか，感謝なのか分かりません」

「そしてそのことは，あなたに薔薇をくれた少年と関係があるのですか？」

「それはとても惹きつけるような絵です。とても美しくて，同時に悲しいです。彼は自分自身の何かとても貴重なものを私にくれようとしています」

長い沈黙になる。ここでクレアは，喪失と死の感情，暗い極の最果てと深く繋がっている。

私はしばらく待ち，クレアが進められるような雰囲気になったところで続きをする。振り子が止まるかのように情動が治まる。

再開する。「そして今，その少年が亡くなったことを聞いたのですね」と私は尋ね，雰囲気の変化に合わせて調子を変える。

「新しい場面です」とクレアは熟考しながら，注意をこの新しい状況に移す。私は彼女をさらに励ます必要がある。

「どんな感じですか。彼が亡くなったという感情と，それがあなたと何か関係があるという感情と」。ここまでくれば，私は情景をリセットしようと思う。

「私は混乱しています。それを理解していないので，不思議に思い，それがどういう意味なのか見つける必要があると感じます。私以外のすべての人は知っているように思います。私がそれとなんらかの関係があったという事実のために，私は傷つきやすくなっていると感じます。というのも，何が起こったかよくわかっていないからだと思います。それが私と何か関係があるとわかるだけなので，何が起こったのかを知りたいと思います」

「彼が亡くなったという事実，あなたに貴重な贈り物をくれたというこの若い男性が亡くなったという事実，についてどう感じますか」

「ショックで，不信……いや」とそれを打ち消し，「違います，それは本当らしく響きませんでした。ショックでも不信でもなかった。それはただ起こりました。起こって当然と思われました。それから，それについて知ったのです。ほとんど関係ない人のように思われました。彼をもう見ていませんで

した。私は通りすがりの傍観者で，ただそれについて聞いただけです」。彼女の言葉は，すべてが誰か他人のことを話しているかのように響く。距離以外のことを感じることから遠く離れてしまって何年もたつ。

「今もこの距離を置いた状態にあるのですか」としばらくの沈黙の後尋ねる。

「ええ，見ているだけです」と彼女は興味なさそうに答える。彼女と私は何マイルも離れたかのように感じる。

私は膝の上にある用紙を見る。彼女がこの夢をタイプした紙で，彼女の夢ノートの正確なコピーである。私は距離を縮めたいと思って，彼女と再度関われるようなイメージを探す。残された時間を離れたまますごすことの方が容易だろうが。

「次の文章を読んであなたに返したいと思います」と私は言って，用紙を手探りで探す。「『私は黒髪のたくましくてハンサムな男性の横に寝ています。彼はそれまで父だったのですが，二人兄弟の最年長となり，三人目の兄弟となったのです。彼は私が自分の物語を世界に話すよう手助けをしてくれています。私は何かを求めているのです。私たちの親密さはとても素晴らしいと感じています。私に薔薇をくれた少年に起こったことに対しての欲望と悲しさが途方もなく感じられます。この悲しさについては，直接は話していません。私は彼を優しく愛撫します。私たちはすぐに愛し合うでしょう』。この黒髪のハンサムな男のすぐ近くに寝ている部分のすぐ近くまで行けますか。これはどこで起こっているのですか」と尋ねながら，「すぐ近く（close）」という言葉を強調する。

「ボートの大きなベッドの上だと思います。彼は私の背後で横になっていて，私は多少とも腹ばいになって彼と面と向かっています。両方とも裸だと思います。彼は大きな体で，良い体格で，黒髪です。20代くらいだと思います。途方もない生命力があります」。しばらく沈黙。「どれほどたくさんの夢の中で自分が傍観者だったかについて考えていました。でも彼といるときは，傍観者ではありません。決して。彼といるときは物事を感じることができます」。それまでにわれわれの間にあった距離の感覚はすべてなくなった。

情熱がこの水曜の午後を勢いよく突き抜ける。われわれの気分は，ニューイングランドの天候のようにすばやく変わる。気分のスペクトルが，暗いメランコリーから，遠く離れた無色を通って，情熱の赤へと変わった。

「彼を抱擁しているのですか」と私は自分の皮膚の感覚を意識しながら尋ねる。

「そう思います」。彼女の声は再び，暑い日の雲のように流れる。「今，彼に対して強い切望を感じます。その思いを保っているのは，溺れた少年と接触した男性の夢を見たときに私が抱いた感情です」。クレアが指している夢は，少年「ティム」が溺れ，水の底に沈んでいるのをある男性が発見してくれた夢なのだが，その男性自身も心臓移植のレシピエントであった。その夢で，クレアはその男性を愛した。というのも，その男性は，彼女が体験してきたことを知っている唯一の男性であったからである。この男性であればこそ，その少年，ティムのところへ行けたのだろう。ティムは少し前の夢で死んで，今また夢に現れたのだが，その夢でも少年が亡くなった。「彼はガイドのようです」とクレアは結ぶ。「私は自分の物語を世界に向けてどう話すかについて，彼のアドバイスを求めているのだと思います。彼は自分が考えていること，私が変えねばならないことを私に話してくれています」

「それはあなたの物語に関する自分の根本的な見解を変えるものですか」

「いえ，それはあくまで私の物語です」

ここで私は何も示唆しないということがいかに大切なことであるかを悟る。彼女は自分自身の物語を語らねばならない。このガイドはしばしば私にも投影され，クレアのガイドとしての働きを求められるということもわかっている。しかし，深い内的なレベルでは，このガイドは私ではない。それは移植者から自然に出現してくる意識なのである。夢の中で彼は溺れたティムを見つける方法を知っており，彼がそうするのは自分自身が移植者だからである。移植そのものから智慧が出現してくるのだ。彼は移植の内的な体験から出現してきた意味を描出している。スカーマンは手術を受けた人物で，クレアが背後に最初に見たガイドだが，その彼が戻ってきたのである。このプロセスを夢で辿ることができる。移植者から創り出されたのは，死と再生と

いうこの深い体験を有意味なものにするという切望である。意味へのこの切望がちゃんと顧慮されれば，魂の深みから反応が生み出される。新しい方向感覚が呼び覚まされる。混乱したレシピエントを不可解な体験の迷宮からある程度の明瞭さをもつ地点まで導いてくれる方向感覚が。

「彼は二人兄弟の兄でしたが，彼は今や三番目となりました。それについてもう少し話していただけますか」。この愛された人物，行方不明となった「ティム」について知っているこの人物について知りたいと思って尋ねる。

「ええ，私もわかりませんでした。というのも，彼は最初に私が一緒にいた二人のうちの一人ではなかったからです。彼はもっと年上でした。最初の男の子たちはもっと小さかった。どうも彼は変容したのではないかと思います。それは三番目の兄弟でした。あるいは，父親だったかもしれません。この変容が生じたのです。彼は，これらの若い少年とその父親のちょうど中間のような存在でした。第三の人物です」

時間は終了となった。クレアは帰る。私はこの第三の人物と残る。このガイドは，私でも私以外の人物でもなく，変容した「ティム」という人物である。この第三のものは「ティム」でもクレアでもなく，「ティム」とクレアの両方でもあるような存在である。この第三の意識は，移植者という存在そのものの意識であり，二者の混合物，新しいガイドとなる精神（スピリット）である。心理学的なアマルガム化が生じたのである。ちょうど古い錬金術のイメージにあるように，二つの全く異なる金属が混合されて第三の物質がもたらされるかのようである。錬金術は長らく，「第三のもの」，二者の合金（アマルガム）について記述してきた。この第三のものはしばしば，錬金術過程の最後に，新しい生の形として，賢者の石として，一切の体験を変容させるような深い洞察として立ち現れる。

この新しいガイドとなる精神はこれに続く2回のセッションで姿を現した。クレアは，彼女のドナーであった若い男性の家族と連絡を取ることについてアンビバレントであることがわかってきた。彼女の視野は明確となり，何をなすべきかを知り，解決の兆しが見え始めた。クレアは心臓提供者の家族と連絡を取ることを決意する。この出来事は実際，この若い男性の心臓と

肺を持つ彼女自身の深い理解へとつながる。

　臓器移植というトラウマは，極端なアンビバレンスの一例であり，それは，クレアと私自身，そしてグループとの間にも見ることができる。

- クレアの初期の夢では，死と再生のイメージがしばしば浮上してくる。
- われわれの移植患者のグループでは，医療スタッフに対して，深い感謝と同時に，非常に強い怒りも見られた。
- クレアがドナーの家族と接触した時，最初は彼女がコンタクトをとってきたことに対してとても感謝していた。が，後になり，彼女に対する怒りの時期を通過した。
- クレアと私自身との間の転移も，情熱的な愛と見捨てられの深い感情との間を揺れた。

　そのようなアンビバレンスが体験されるということは驚くにあたらない。古い心臓は死に，新しい心臓が生きる。ドナーは死に，レシピエントは生きる。しばしば，ドナーとレシピエントとの間の年齢も違う。だから，二つの根本的に異なる生命エネルギーが，一緒に生きていくことを学ばねばならない。行為を切望する若者の心臓が，中年のレシピエントを消耗させることをわれわれは観察した。

　しばしば，このアンビバレンスの困難な側面は抑圧される。医療スタッフもこの抑圧に手を貸す。クレアも，移植直後に深い情緒的な苦痛を体験している時に，医療スタッフに，そんなことは忘れて普通に行動しなさいと言われた。普通にですよ！

　このアンビバレンスを体験すること，この内的な葛藤を体験することは，必要不可欠のことである。実際，それが命の新しい理解につながり，投げ出された二つの生命力が混ざり合って新しい人物が生まれるのである。心臓移植の後もなお，以前と同じままでいることなどありえず，たとえ何も根本的なことは生じていないという人の場合ですらそうである。心理療法の仕事は古い自己と新しい自己との相互作用を促進することである。それは心理療法

にとっても多大な貢献をするものであり，というのも，この融合の過程は，転移においても，転移関係の変化として体験されるからである。このようにして，深い内界で生じている過程は，目に見えるものとなり取り組むことができるようになる。

第3章　心理学的ネットワーキングと臓器の拒絶反応

　イスラエルの研究（Yoram Inspector M.D., 未公刊の博士論文）によりますと，心臓移植を受けた患者さんの40％以上が，何らかの形でドナーのイメージを持ったり，ドナーの存在を感じたり，ドナーその人と知覚されるようなイメージと何らかの交流を持ったりしています。ドナーが存在するという感覚を持つ体験など，ナンセンスだと言ってみたところでどうしようもありません。実際にそういう感覚を持っているのですから。わからないだけなのです。理性によると，ドナーである人物は死んでいるのだからその辺りをうろうろしているなんてことはありえない。でも，心臓移植を受けた患者さんのかなりの人たちが，ドナーの存在を感じているのです。
　そのような人物の一人が，ここではマルコと呼ぼうと思いますが，17歳の男性の心臓をもらったことを知りました。移植の数日後が祝日でした。自分の尿回数がとても多いことに気がついて，ドナーからもらった心臓に向かってこういいます。「一晩中飲んで騒いでいたんだろうな。今日が祝日だとわかったんだろう。だから，以前に飲んで騒いでいたときのことを思い出したに違いない」。マルコは，45歳の男性ですが，自分が，心臓に住みついて

いる実際のドナーに向かって話していると固く信じていました。彼が実際のドナーと話していると確信することで，マルコは，満たされて深くつながっているという感覚を持つようになりました。心理生理的な観点からすると，マルコは移植手術の乖離的な体験を統合しようとしていると言えるでしょう。トラウマの体験はしばしば乖離を引き起こします。今日では誰もが知っている比喩を使って言うなら，心はインターネットのようなネットワークとみなせるかもしれません。乖離状態というのは，インターネットとつながっていないローカル・エリア・ネットワークに喩えられます。確かにそれ自体存在し，エネルギーも使っているのですが，全体のシステムとのコミュニケーションはないという状態です。医療によるトラウマの中で，こういった乖離の簡単な一例を示したいと思います。それは，最近私が癌の患者さんと行ったワークの中で見られたものです。ご存知かもしれませんが，岸本氏と私は，われわれのワークが，病の経過に影響を及ぼすかどうかを見るために，何人かの癌の患者さんとワークをしてきました。このワークはさらに発展して，現在，ハーバード大学医学部では，体現的ドリームワーク（Embodied dreamwork；EDW）が神経免疫機能に及ぼす効果に関する研究が始まっています。私は，EDWが移植を受けたレシピエントが体験する拒絶反応の重症度にポジティブな影響を持つと信じています。これについては，講演の最後の方で話しましょう。

　ジョージは27歳の男性です。彼は最近，胃癌と診断されて，EDWの治療的な効果に関するハーバード大学医学部の研究のことを聞きました。彼はインターネットで私のことを見つけ，最近，ロサンジェルスに滞在したときに，彼とワークを行いました。診断されてからは，彼は放射線治療を受け，抗癌剤治療も始まって，来るべき手術に備えています。

　彼は自分が昔いた学校のキャンパスにいる夢を見ました。建物の外を歩いていて，中に入ろうと思うのですが，入り口がわかりません。入ろうとあらゆるところを探します。ついに，ある人が中に入っていくのを見かけて，後を追って入ります。中に入ると，廊下があって，らせん状になって中央部の

ドームに続いています。そこで彼は，自分と同じ年齢の男女が，フットボールを投げているのを見かけます。女性が男性にパスをして，男性が取ろうとしている瞬間でした。でも男性の方はファンブルして，ボールを落としてしまいます。ジョージはそれを拾い，彼女に投げ返します。

　最初に，彼の締め出されているという感覚，中に入ることができないという感覚をワークします。彼は自分の身体から締め出されているのです。突然，自分の身体が自分にとって異質なものとなってしまったのです。自分が入っていくことのできない場所になったのです。それでその身体を携えて病院にいき，治療をしてもらおうと思ったのですが，自分の身体からは締め出されたのです。これは，医療的なトラウマの影響による乖離です。いわば，患者は自分の体を置き去りにしてしまったのです。体から締め出されたのです。ワークを続ける中で，中心に向かうらせん状の廊下を進んでいきます。これは，自分の内的な自己に深く戻っていくことができる中心化の過程といえます。次に，女性がボールを投げている場面に焦点を向けます。しばしば，男性の人生の中では，生命力，命を吹き込んでくれる原理は，多かれ少なかれ魅力的な女性の形で現れます。その女性は，映画『マトリックス』で主演女優を演じたキャリー・アン・モス Carry Ann Moss のように，筋肉質で細身の女性のように見えました。彼女はとてもなめらかにボールを投げます。彼女の流れるような動作を見ているうちに，彼は流れるような感じを自分自身の体にも感じることができるようになります。最後に，男性が，ボールが届きそうだけれどファンブルする瞬間に彼を誘導します。まるで生命力が彼にパスされたのだけれども彼が受け取ることができないかのようです。英語の言い回しには左から突然来た（青天の霹靂）という言い方があります。彼は，癌をつかむことが，理解することが，できない。彼がボールを拾い上げる場面では，投げるところをゆっくりと感じてもらいます。身体全体が，投げるときには軸がぴたっとあったように感じて，パーフェクトなパスができたと言います。身体の軸がぴたっと合う感じに焦点を向け，すべての筋肉がパーフェクトな動きをしている感じを感じてもらいます。今や彼は自分の身体の中に再び戻り，自分の癌に対して，アクティブに体現する形で，ただ治療を

受けるという受身としてではない形で，反応し始めることができるようになっています。このように，われわれは彼が毎日行うプラクティスの方法を編み出して，パーフェクトなパスができるように身体の軸を合わせる感じを毎日感じてもらうようにしています。

　精神分析家として私は，リアリティの究極的な性質について，無批判に受け入れられている信念はすべて，妄想として扱おうとしています。人間はたった一つの自分から出発するという，ほとんどの西洋人がまったく当然と考えている信念も，私は一つの妄想に過ぎないと思っています。乳児は，大部分の時間を REM 睡眠の状態ですごします。REM 睡眠中は，よく知られているように，高い確率（90 %）で夢を見ています。だから，夢を見るのは，われわれが人間として最初に持つ意識の形態なのです。世界中どこでも，夢は時間と空間の中で起きる出来事として体験されます。夢には夢の世界があります。時間と空間というのは意識の基本的なカテゴリーであります。また，夢の中にはたくさんの主体が登場して，時空間の出来事をそれぞれ独自のやり方で体験しています。でも，体験の場所は，通常，日常の自分と同一化されています。たとえば，夢の中で犬に追いかけられているとします。夢全体としては，まったく異なる二つの意識状態から成立しています。逃げているあなたという主体と，そのあなたを追いかけている犬という主体の二つです。あなたは自分の方に同一化します。それは，自分の身体に同一化するように身につけてきたからです。でも，意識のネットワークとしての夢は，自分と犬との両方からできているのです。夢は複数の主体という形で，つまり，意識のネットワークという形で現れてきます。夢で見ているのは，ネットワークとしての意識です。意識を一つのセンターに還元してしまうのは，学習された，ある意味必要で，文化的に規定された妄想であり，それを自我の発達，と呼んでいるに過ぎません。

　夢に見られるような，意識の元来の複数性と，あとに引き続いて起こる自我の発達とを，理論的に区別しておくことは，移植に対する心理生理的な反応を考察する理論においては決定的に重要です。もし心を元々一つのものと見るなら，移植患者が持つドナーのヴィジョンは，意識の始原の単一性を壊

してしまうものとみなされることになりますが，元々複数あるのだという見方に立てば，これらのヴィジョンは，意識に必要とされるネットワークと理解することができます。臓器は，意識の新たな場所となり，意識の網の他の部分とつながりを持とうとしているということになります。

　クレア・シルヴィアは心肺移植と後に腎臓移植も受けました。ご存知のように，心肺同時移植はすでに行われなくなっており，遺伝的にまったく異なる臓器を大量に受け取ったクレアは，詳しく調べられれば，今日行われているもう少し穏やかな形の移植にも役立てる部分があるでしょう。私の移植患者との体験の大部分は彼女との共同作業に由来しています。私は彼女の分析家でもあり共同研究者でもあったわけです。われわれのワークは，彼女自身の観点から十分に記述されていて，"A Change of Heart" という本になっています (1997)。さまざまな言語に翻訳されていて，日本語にも翻訳されています（『記憶する心臓』角川書店，1998）。私自身の観点は，ハーバード大学出版社から出ている，『トラウマと夢』という本の中の一章に書かれています（本書第2章）。バーネット Barnett の編集になるものです。クレアとの仕事で私が解明したいと思った要素が2つあります。

- ドナーという実際の人物との体験
- 心理生理的なネットワークの働き

　われわれの分析のワークは1989年8月から始まりました。彼女が1988年5月に移植手術を受けてちょうど1年後のことです。1989年10月にはクレアはティム・Lという若い男性と出会う夢を見て，夢の中で彼女は彼とディープキスをして，彼のエッセンスを自分の中に吸い込んでいるかのように感じます。彼女は，それがドナーのスピリット（霊，魂，精神）だと確信して，ドナーを探すことが始まりました。そしてついにドナーを見つけ，その名前が実際ティム・Lであることを見つけたのです。お互いの了解の下に，私自身も付き添って彼女はドナーの家族を訪ねます。クレアは，移植を受けてからというもの，チキンナゲットを見るとほしくてたまらなくなり，その誘惑に負けてしまうようになったと報告しています。彼女はそれまで，健康的な

食事を取っていたので，チキンナゲットなんてもってのほかだと思っていたのです。それが，車を運転すると，ケンタッキー・フライドチキンに立ち寄って，チキンナゲットをむさぼるように食べずにはいられなくなったのです。ドナーの家族に会って，それは，ティム・Lが好んで食べていた食べ物だったことがわかりました。実際，ティム・Lはバイクのジャケットにナゲットを忍ばせたまま，バイクの事故を起こして命を失ったのです。クレアは，ほかにも嗜好・好みが変化することを体験しましたが，それは，ティムの好みに変わっていったのです。他の移植患者も，好みが変わってクレアと同じようにドナーの嗜好に変化すると報告しています。これは今後の研究が待たれる領域です。ドナーの家族に会う前に，私は移植後の数年のクレアの行動に基づいて，私自身ある仮説を立てました。彼女はとても活動的になり，しょっちゅう旅行をして，いつも動き回っています。どちらかというとあとを追う性格だったのが，彼女の移植後の人格は，先にたって引っ張る性格にと変わったのです。私がワークをした心臓移植患者で，そういう変化を起こさなかった人もいます。これらの変化は，もちろん，投薬の影響もあるでしょうが，ほかに原因を求めることも可能です。ティム・Lはとても活動的な若い男性だったと仮説を立てました。実際に，それが正しいことがわかりました。さらに研究が進めば，ドナーからレシピエントに，好みの基本的な要素が移行する可能性がもっと明らかになるのではないかと私は考えています。これは，冷静に，結果に関してもバイアスを持たないようにして，研究が進められなければなりません。クレアと私は，心臓移植を受けた患者のグループを1990年代早期に始めて，この方向に沿ってパイロット・スタディを行いました。このグループの6人のメンバーのうち，すべての人が，新しい心臓となんらかの関係を持っていると報告しています。心臓を「他者」のように感じたことなどないといっていた人物も，そういったはなから，心臓を受け取ったときに，心臓にこう語りかけたと話しました。「あなたは誰か別の人の心臓だったけど，今は私のものよ」と。今の私なら，このような行動は，心理生理的なネットワークを作る活動だとみなすでしょう。

　ヴィンセントは，50代半ばの男性ですが，ドナーはとても不器用な男だ

ったと信じています。移植後にヴィンセントのダンスのスタイルがまったく崩れてしまって踊れなくなり，ホースシュー投げの腕も，以前はそのエキスパートとも言えるほどだったのに，今では惨めなものです。彼は，ドナーがカウチポテト族と呼ばれるような男だったと信じています。カウチポテト族というのは，TVの前で，ポテトとビールを手にして，ソファに横になり，一日中何もしないような人のことです。また別のレシピエントも，身体の調節機能が変わったと報告しています。彼は以前，アマチュアリーグの野球のピッチャーをしていたと話してくれました。移植後に試合に戻ったとき，あまりに速い球を投げて肩を脱臼してしまいました。それで，彼は剛健な運動選手の心臓をもらったと信じています。いずれの移植患者も，こういった信念が，こっけいだけれど意味があるものと感じていました。心理生理的なネットワーク作りの体験の中で，最も意味深いと思われたのは，ヴィンセントの経験です。彼は，ある，見知らぬ教会に入ったときに，以前来たことがあると確信しました。それで妻に向かって，教会の内部にある，直接は見ることのできない階段について話しました。確かめてみたら，実際にそこにあったのです。ヴィンセントはこのようなデジャ・ヴ体験を数え切れないほど報告しています。これは彼にとってとても意味深い体験だったのですが，人がそれを笑い飛ばすので彼は傷ついていました。ヴィンセントの体験が，客観的にはどのようなものであったとしても，彼は，自分とドナーとは，霊・魂と意味という場所においてつながっていると感じています。

クレアは若い男性の夢を見ました。その男性を，クレアはドナーだと思っているのですが，彼が海の底に沈んで亡くなったという夢を見ました。ある男性が，その人は実際に心臓移植を受けたレシピエント仲間ですが，足を伸ばします。彼の足は極端に長く伸びて，その少年に届いたので，ついに少年は引き上げられます。この夢は，レシピエントのシステムとドナーという実体との間の心理生理的なネットワーク作りのもう一つの例と言えるでしょう。レシピエントと臓器との間にある心理生理的なネットワークは，極端なアンビバレンス（二つの極）の間を通り抜けます。

- クレアの初期の夢は,死と誕生のイメージに満ちていた。
- われわれの移植患者のグループのレシピエントは,医療スタッフに対して,感謝をしていると同時に,非常に強い怒りも示している。
- クレアが会いに行ったドナーの家族は,クレアが来てくれたことに感謝する人たち,主には両親だが,それと,クレアが自分たちの生活に入り込んできたことに怒りを持っている,主には何人かの兄弟たちとに分裂してしまった。
- クレアと私の転移関係も,強い愛の感情と,見捨てられたという深い感情との間を揺れていた。

　クレアとともに行ったネットワーキングとアンビバレンスについてのワークの中で,彼女自身は,拒絶反応の兆候が極端に少なくてすみました。もちろん彼女自身の特異な体質とか,偶然であって,心理生理的なネットワーキングに働きかけるワークとは何の関連もないとも言えるでしょう。しかし私は,移植患者と行った心理生理的なワークの中でみつけた,最も重要な研究領域だと信じています。臓器の実体とそれを受ける心理生理的なシステムとの間のネットワーク作りを意識的に行うことで,拒絶の頻度が減少するということが示されれば,移植の際に心理生理的な治療を追加するという実りある新たな時代に突入することになるかもしれないのです。そのような治療は,安上がりですし,侵襲性も少なく,従来の,薬物療法とかさまざまな医療技術や手術を妨げることなく用いることができます。おそらく,日本はそのような研究については,先端を行くことができる可能性があります。というのも,人間以外のものも心(スピリット)を持つという観念は,神道にも見られますし,日本人にはなじみがある考え方でしょうから。臓器が,それ自身知覚されるようなスピリットを持つかもしれないという考えは,日本人の伝統的な文化においては,西洋人にとってほど,違和感はないのではないでしょうか。

　私の講演が,心理学的ネットワーキングと拒絶反応との関係に関する科学的な研究の端緒となれば幸いです。

文　献

Sylvia, C., Novak, W. (1997) A Change of Heart. Little Brown. (飛田野裕子訳 (1998) 記憶する心臓. 角川書店.)

第4章 体のドリームワークと古代の医療

　クラディン Kradin 博士そしてベンソン Benson 博士，この大変刺激的な集まりにお招きいただきましてありがとうございます。この2日間，21世紀の西洋の体とこころの医学の最先端についての話を聞いて参りましたが，私は，現在われわれが研究している，西洋の学問のルーツへと皆さんをお連れしようと思っています。

　この討議の初めに，オイゲン・テイラー Eugene Taylor さんが気づかせてくれたように，体とこころの医学は 4000 年前，古代ギリシアで体の病気を治すのに夢を用いたということを考えるならば，かなり古いものということになります。

　想像してみて下さい。あなたは，たまたま古代ギリシアで生を受けたとします。40 世紀昔のことです。あなたは病気です。酷く気分が悪いのですが，癒しの神，アスクレピオスの神殿があるエピダウロスまではるばる歩いていくしかありません。神殿の床で眠り，夢の中でその神に出会うために，そこに向かっています。これは夢のインキュベーションと呼ばれています。それは辛い旅です。ロバは途中で亡くなり，あなたの長男は生活必需品をすべて

背中に担がなくてはなりません。ようやく神殿にたどり着きます。まず，4000年後のインディ・ジョーンズのように，蛇穴に落とされるというショック療法を受けるかもしれません。あるいは美は健康の源であるということで，詩に耳を傾けるかもしれません。しかし大抵は，眠りにつき神に出会って，治療を施してもらうのです。あなたは神殿の床で眠る。皆が寝ている周りで，別の人が火を焚く。2日経ってもあなたはまだ夢を見ません。そうなると外に出て，代わりに夢を見てくれる人を雇うことになります。（あなたが雇った）夢見手があなたの夢を見，（あなたは）報酬を支払って聖職者に夢解きをしてもらい，アスクレピオスの望むところが明らかになると回復する，といったようなことが時にはあったようです。この話はここまで。

　急いで2001年まで時計を進めます。それは，HALが木星に行くことになっていた，でも実現しなかった年です。

　Aさんは卵巣癌です。彼女は私の東京でのグループに12年間ずっと参加していて，約2年前に発症しました。昨年は寛解状態のようでしたが，今年再発し，化学療法を再開しました。濱田華子さんは，東京での私の共同セラピスト兼通訳ですが，体のドリームワークをしようと提案しました。この方法は私がここ15年以上かけて開発してきたもので，C.G.ユングとジェイムズ・ヒルマンの研究を基盤としていて，重篤な体の病気を患う人々の治療をする（treat）ものです［訳注：treat（処置をする・遇する）という言葉が使われており，夢で身体疾患を治す（cure）といっているわけではないことに注意］。私たちは，国際文化会館の美しい東京庭園の見える小さな部屋の中に座っていました。スモモの木が鮮やかな深紅色に染まった春分の頃でした。Aさんは，ワークをする夢を慎重に選びました。彼女は今月その夢を――日本語流に言えば――見ました。

夢　日本人の友人たち――誰かは覚えていない――と一緒に，日本の内陸部を旅行しています。飛行機に乗っています。座席だけが見えています。それは今私が座っている椅子と同じくらいの大きさです。（彼女は私の部屋の中で大きな場所

を占めている，低い肘掛け椅子に座っています。私はシルバーグレー色のカバーをしたシングルベッドの上に座り，濱田さんは私のデスクの椅子で翻訳をしています。）足元を見ると，床がすばやく開くのが見えます。下はガラスの板で，海が見えます。低く飛んでいます。海の美しい色に驚いています。混じりけのない透明な水の地点が見えます。緑のと紺青色のとで，互いにとても離れています。その時，ガラスの板が滑るように開きます。怖いという感じはなくて，私はただその美しさに驚嘆しています。板の向こうの端のところから，ちょうど緑と紺青色の異なる色合いの綺麗な羽の鳥が飛んでいくのが見えます。見て，びっくりしています。それからシーンは変わります。私は南洋諸島に着き，ゴーギャンの絵に出てくるようなミクロネシアの女の人たちに話しかけています。その中の一人，中心（の女性）を覚えています。彼女は，男性的でとてもはっきりとした目鼻立ちの顔をしています。鼻筋が通っていて，黒髪は短く，ミディ丈の赤茶色，レンガ色のドレスを着ています。彼女は私くらいの年齢で，50代。私の知らない言葉を喋っていますが，言っていることが日本語で理解できます。彼女は私に，今私が見た鳥はとても大事なのだと言います。彼女の目は遠くを見つめています。そこで目が覚めます。

　Aさんは，目を閉じて座っていて，深く集中したまま，私がその夢の情景の中へと導き入れるのを待っています。私はまず，初めの旅の同行人について尋ねます。彼らは日本人で，ミクロネシアの女性たちとは大きく違います。彼らは飛行機の中にはいないし，（Aさんには）自分の座席しか見えません。その旅行は内陸部への旅のはずだったので，眼下に海が見えた時にはとても驚きます。怖れはありません。Aさんが飛行機の座席の場面に十分入り，再び夢見の環境を感じるようになったところで，私は夢の世界へと降り始め，その夢を逆に，時間をさかのぼってワークすることにしました。ミクロネシアの女性は，その驚くべき鳥のことを知っているようなので，まず彼女のところに行ってみることにしました。Aさんは夢を思い出すのに集中しているので，私はその女性の足にAさんの注意を向けるようにしました。Aさんは自らの下にしっかりとした地面を感じることができます。それは砂ではない，とすぐさま分かります。Aさんが説明するにはその女性は2，3メートル離れたところに，赤レンガ色の服を着て，赤褐色の引き締まったくるぶしをし

て，自然な姿勢でいます。夢の中の彼女の脚はとても引き締まっていましたが，実際にはAさんの脚は，1回目の癌の手術以来血液の循環が悪くなっていました。私は，ゴーギャンの絵のような女性の声のトーンに集中するよう促してみます。それは彼女の骨盤から発せられています，とAさんは癌のある辺りのお腹をさすりながら言います。自分の骨盤を感じながら，注意深くその声に耳を傾けています。そして遠くからの視点とその女性の自然な姿勢に焦点を変えます。Aさんは「南洋諸島」で，彼女と一緒にちょうどそこに立っています。東京庭園が見渡せる私の小さな部屋ははるか遠くになっています。もう一度，その女性のくるぶしと姿勢について尋ね，Aさんがその女性の脚を感じられるか，声を出して聞いてみます。「いいえ，彼女が羨ましいです，彼女の体の中でのありよう（体の感じ）が羨ましいです」と答えます。私はその羨ましさを追ってみるよう促します。羨ましさというのは注意深い観察者です。この自然なままの女性が，自身の肉体的な世界の中に存在しているその様子に驚嘆します。その女性について述べるのに，Aさんは自発的に，私が「内的な模倣（interior miming）」と呼んでいるプロセスを始めます。それは，物まねのセンスを活用して，観察しているその女性と同じ特徴を帯びた自分のボディ・イメージを持つことです。突然Aさんは興奮して大声を出します。「私の脚が戻ったわ」と。これは，ミクロネシアの自然なままの女性と一緒にいるうちに，ますます彼女のようになって，何カ月かぶりに脚の血液がまた循環し始めた，ということなのです。脚は暖かくて，幸福に満ち溢れていました。少しの間これを感じた後，注意をその女性の声へとまた戻すと，彼女は喉を感じ始め，今度はミクロネシアの女性とそれを共有して，そこから声が生じてきます。太くて低い声がトルソ（体の胴部）を通って上方へ上っていくのが分かるようになります。骨盤には静寂が感じられ，トルソの上部が開いたようです。Aさんが十分にゴーギャン女性の意識の状態の中に入り込んだので，その内界を探ります。私は，鳥が大事なのだというその女性を感じるように言います。「ミクロネシアの」存在のありようにどっぷり浸かると，Aさんはその自然なまま（あるがまま）の女性の目を通して鳥を見ることができます。「鳥はまっすぐ上に飛んでいます」，

「まっすぐ上に舞い上がる時，その翼を胴体より大きく上にあげています」と報告してくれます。（彼女は）鳥の上方への推力を感じることができます。今や彼女は自然な姿勢にある脚を十分に意識しています。足首はしっかりとし，温かい血液が流れ，骨盤は静かで穏やかで，トルソの上部は開き，そして上方への推力を鳥は持っている。この瞬間，私は突然，遠くにある海の中のくっきりとした地点へと焦点を移し，海の色が自分に働きかけてくるままにするよう示唆します。しばらくの間彼女は静かに座っています。何が起こっているか尋ねます。「体中に澄み切った海流が流れています」。深い静寂が彼女の中で輝き，その姿から私は鎌倉の青銅の大仏を思い出します。少しの間，澄み切った流れの中で気持ちよく過ごしてもらいます。そして私は，彼女ができるだけ毎日続けられる実践を考案します。外からの妨げには煩わされないようにして，座り心地の良い椅子に腰を掛けながら，ミクロネシアの女性の隣に立ち，南洋諸島のしっかりとした大地に立っている足を感じるのです。その女性の目鼻立ち，服装，足首，自然な姿勢に気づくでしょう。それから体を通して上昇してくる声が聞こえ，骨盤に静寂，胸に開放を感じ，鳥がまっすぐ上に舞い上がり，ついにはその飛翔や体のすべての状態が同時にはっきりと感じられ，脚には新たに血液が循環するのが感じられるでしょう。そして海の色を見，海の色が働きかけてくるままにしていると，自分の中に澄み切った流れが脈打つでしょう。この流れの中にできるだけ長くいてもらうのです。毎日この実践を行うと，ついには条件づけられた反射となり，集中するや否や体はこの状態になり，澄み切った流れが生じてくるでしょう。それは，夕飯のベルを聞くや否やパヴロフの犬が唾液を垂らすのと同じです。濱田さんがそのプロセスを行うのを手伝ってくれます。内陸部への旅の後，私の東京の部屋に戻ると，Aさんは喜びでにこやかに微笑んでいました，左肩を叩きながら。「先生が実践をやってくださって，いつでも好きな時にここに戻ってこられると分かったとき，その鳥が向きを変えるのが見え――それは遠くて豆粒のように小さかったですが――飛んで戻ってきました。その鳥は私の肩にとまり，それが飛んで行くのが見えた時の悲しみは消えました」。「私の肩」と彼女が言った時，それはミクロネシアの女性の肩のことだ

った，と後になって教えてくれました。彼女はそのミクロネシアの女性と，ワークが終わるまで完全に一体になっていたのです。

これを私は体のドリームワークと呼んでいます。それは，体に問題を抱える患者の援助に焦点を合わせたドリームワークであり，ちょうど古代の夢のインキュベーションのようなものなのです。

ドリームワークの身体への影響に対する私の関心は，1980年代半ばに，エイズ患者が，私のケンブリッジの個人開業先に訪れるようになって再び頭をもたげ始めました。私は，夢のワークの影響は，時として心理学的なものを超え，体を癒す効果をもたらすことに気づいたのです。

マイケル・デュプレ Michael Dupré は，エイズの病状が進行した段階にいましたが，1992年6月，'Dreaming' という雑誌に，彼の行ったドリームワークの一部とその結果について書きました。それは，彼自身は神聖な聖堂の中にいるのですが，次のシーンでは人々が切り刻まれてハンバーガーの肉にされている，という夢でした。彼は次のように書いています。

　　現実の恐怖と神秘の美。エイズ，死，そして死につつあることへの恐怖と，スピリチュアルなものを信頼しそれに委ねること，それら両者の間に癒しが生じてきたのです。恐怖と信頼とは同時に存在し得ることが分かったのです――問答無用。……その夢の名残の一部として，3週間便通が順調でしたし，……その体験はすばらしいものでした。

体のドリームワークのその後の私の研究では，ドリームワークの体への有益な影響は約3週間持続するということが，繰り返し見られました。それを過ぎると，追加接種のようにワークを繰り返さねばなりません。

例えば，Aさんなら実践を3週間行い，その間彼女はそれから大きな恩恵を感じることができるでしょう。3週間たてばその実践はエネルギーを失い，そうなるとまた繰り返す必要があります。

マイケル・デュプレとのワークはグループで行いました。同じ病名を持つ人々の中での夢のドリームワークは，通常の支援グループで行うものよりも，

より効果的です。'Social Work with Group' というジャーナルの第24巻第1号にアン・ゲーリッツ Ann Goelitz は次のように書いています。

ヤローム Yalom（1995, p.422）は「ある夢を調べていくと，グループでの心理療法は促進される」と主張しています。また，夢を用いることはグループの結束力を促し，自己開示を助長します。プロヴォスト Provost（1999）は，グループでは，

> 夢を共有すると，夢を媒介として自然に自己開示を始める道が与えられ，それは直接的な自己開示よりは，危険が少ないように思われる。夢を用いるワークの目的とプロセスを共有すると，早期の凝集性が促進されるようだ。 (pp.79-80)

ということを発見しました。

「集団意識」の存在に関するシュラハト Schlachet（1992, p.192）の発見は，結束の概念をもう一歩進めて論じています。彼が言うには，「個人はしばしば気づかぬうちに，無意識に互いに共振し，互いの情緒的な体験だけではなく，連想するものの内容までも同調する」。夢のグループでのワークでは，メンバーが，自分自身の表現されていないほんの「かすかに感じた」だけの感情を，他のメンバーの夢の中に認めることを発見したのです。

> 共有されたイメージやメタファーを認めること，他のメンバーの夢やファンタジーにおける自分自身の考えやイメージを認めること，グループの情動を表すのに一人のメンバーの夢を共同して用いること，いずれも感情の深い理解に大いに貢献する。 (Schlachet, 1992, p.207)

先に私が投げかけた問いに戻りたいと思います。どの世界でイリヤチャリ Ilyatjari ［訳注：アボリジニーの治療者の名前］はワシになり，どの天の川を飛んでいくのでしょうか。同様に私は，Aさんがどの世界を通って，ミクロネシアと呼ばれる，物質界の場所ではないミクロネシアに至る内陸へと行くのかを知りたいのです。

この問いに答えるために，少し元に戻ってわれわれがこの会議で出会った世界観を見てみなくてはなりません。この2日間にわたって，ほとんどの演

```
    体  ←→  心           体      心
```

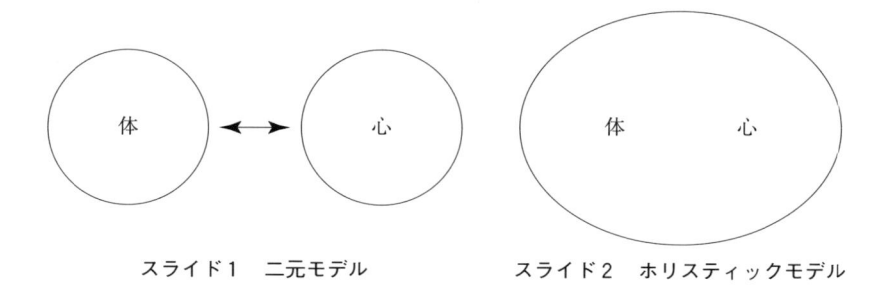

スライド1　二元モデル　　　スライド2　ホリスティックモデル

者が発した問いは，いかに肉体と精神とは結びついているか，ということでした。この問いは大抵，肉体の世界と精神の世界とがある，という見方に由来していました。はるか昔，現実(リアリティ)は二つの領域からなると言われていました。つまり物質の領域と，精神あるいはロゴス，論理の領域です。

スライド1

これは二元モデルです。物質の世界，精神の世界，そして両者の間に何らかの結びつきがある。そこには二つの可能性しかありません。精神であるのか，それとも物質であるのか。はるか昔には「第三のものはない」(Tertium non datur)と言われていました。このモデルは近代科学の本質であり，非常に大切なものです。昨今では別のモデルが広く用いられるようになっていますが，(これは)主に東洋思想の西洋文化への影響によるものです。

スライド2

私は二元レンズでも，ホリスティックレンズでも見たくはないのです。どちらも Ilyatjari が旅した世界のことを説明してくれはしません。

私が最も尊敬する師の一人，中世スーフィズムのフランス人学者，アンリ・コルバンはアラブ－ヨーロッパ文化において最も大きな存在論上の大変動が，12世紀頃に起こったと言っています。彼が言うには12世紀以前には，世界の幻像(visionary)モデルがあったのです。リアリティは3つの領域からなり，どれも同じようにリアルで真実だったのです。

第 4 章　体のドリームワークと古代の医療　　*131*

スライド 3　エンボディメント

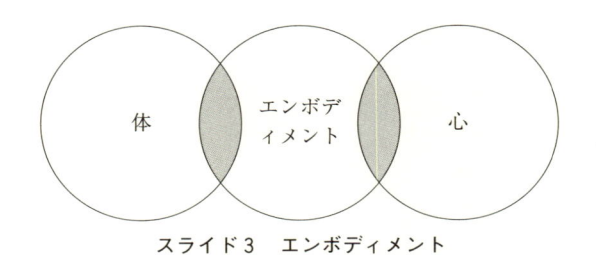

スライド 3

　知的な世界は，われわれがこの会議で精神と呼んでいるものに対応しています。物質的な世界は，われわれが肉体と呼ぶものに対応しています。

　第三の世界があると，コルバンは，幻像（visionary）の伝統をもって主張しています。間（between）にある世界，中間，媒体（medium）の世界。それはイメージの世界であり，精神の世界よりは具体化（形を持っている，embodied）されており，肉体の世界ほどは物質的ではありません。それはサトルボディの世界と呼ばれるようになりました。この中間のことを，コルバンは，鏡がないのに，鏡の中の映像だけが残っているようなものであると述べています。

　Aさんが夢のミクロネシアで出会った女性は，体を持った（形を持った，embodied）存在なのです。夢を見ている間は，彼女は明らかにリアルですし，独自の視点を持っていて，それはAさんの視点とは全く異なります。彼女は，文字通りのミクロネシアの，文字通りの女性よりは物質的ではありませんが，単なるメタファーでもありません。もし彼女がメタファーに過ぎないのならば，彼女は精神の中にしか存在しない知的なものの一部に過ぎないということになります。ところが，彼女は，彼女自身に働きかける実体（an entity onto herself）として，想像力（イマジネーション）によって知覚される真の実体として，現れているのです。二元モデルでは，想像（イマジネーション）は，リアリティと対立するものです。第三のものを想定するモデルでは，想像は現実の存在を知覚する器官であり，単なるメタファーや修辞よりは具体化されて体を持って

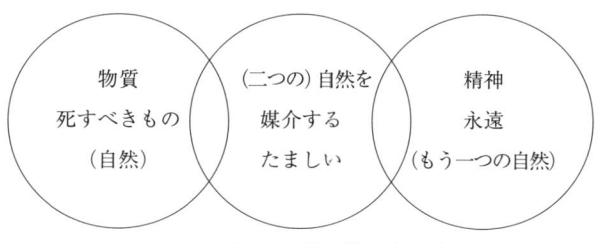

```
┌─────────┐ ┌─────────┐ ┌─────────┐
│  物質   │ │(二つの)自然を│ │  精神   │
│死すべきもの│ │ 媒介する │ │  永遠   │
│ (自然)  │ │ たましい │ │(もう一つの自然)│
└─────────┘ └─────────┘ └─────────┘
```

スライド4　自然を媒介する魂

(embodied) おり，われわれの形を持った肉体よりは物質的ではないのです。私はそれを媒体（Medium）の世界と呼びたいと思います。なぜなら，第三のものの伝統の一つである錬金術では，精神と肉体の間のこの世界は自然を媒介する魂（anima media natura），つまり魂と呼ばれ，それは二つの自然（nature），精神と肉体を媒介するものなのです（スライド4）。この観点から Ilyatjari，Aさんそしてすべての夢見手たちは，想像（イマジネーション）によって知覚された現実の領域を旅するのです。あるいは，錬金術師はそれを本物の想像（イマジネーション）と呼び，空っぽで空虚な空想（phantasms）とは対立するものとしています。

　しばらくの間，この第三のモデル，Tertium datum，第三のものを所与のものとするモデルを採用して，夢へのワークは，媒体へのワーク，サトルボディからなる実在する中間へのワークであり，物質的領域と精神的領域とに関与するものだとするなら，このことは体のドリームワークの見方にどのように影響するのでしょうか。
　彼のことを，キャット・ドリーマー（猫の夢見手）と呼びましょう。
　彼は，肛門にオレンジの大きさの癌性の腫瘍ができていて，出血しています。彼はこれ以上の治療は望んでいません。彼は，痛みの治療を受けるため，緩和ケア病棟へと送られてきて，岸本寛史氏の治療を受けていました。私が臨床心理学の客員教授として京都大学に滞在していた折に，体のドリームワークが彼の病院の患者に有効であるか，一緒に見てみようということになったのです。緩和ケアの治療チームのスタッフ，看護師，医師，薬剤師と一緒

にワークをする機会を持ちました。彼らは皆熱心に参加してくれました。将来的には，この種のワークが癌患者の体の健康に影響することが立証できるか，見てみたいと思っています。この会議で話すという招待をありがたく承諾したのは，このような研究がここボストンでも同じようにできないものかと思ったからです。

彼をキャット・ドリーマーと名づけたのは，猫の夢を見たからですが，それが直腸癌と診断されてから覚えている唯一の夢だったからです。

彼の夢は：

> **夢** 街中の見知らぬ部屋にいます。私は長椅子の上で横になっています。部屋の奥にあるテレビの後ろに二つの光が見えます。最初それは外の車のヘッドライトかと思います。でもそれは猫のだと分かります。猫は部屋を歩き回ります。妻を呼びますが，いません。妻はいつもその辺にいるので，変です。そこで息子を呼びます。息子もいません。私は猫のいる部屋の中で孤独です。

まず私は，彼が夢の中に戻り，感じるように手伝います。注意深く思い出すことで夢見手は，夢体験のフラッシュバックが得られ，自分自身が夢見の環境の中に戻ったと感じられるのです。彼は，長椅子に横になりながら，いかに自身がこわばっているかに気づきます。妻と息子を呼びながら，彼は孤独を感じます。それから猫を見ていきます。

動物や，Aさんの夢のミクロネシアの女性のような非常に自然志向的な人たちが，体の病気の人たちの夢にしばしば出てくるのを見てきました。人類学においても同様に，病気になるとしばしば癒し手としての動物に出会う，と報告されています。

第三のモデルで，つまり錬金術の視点で見るならば，猫は生きている存在，生きている実体です。夢見手は，その猫が上品に振る舞うのを喜んで見ています。彼は猫が好きです。家には大好きな猫がいます。でもこれは別の猫です。この猫は見たことがありません。

さて私は，この猫が具体化している（embodies）衝動を体験するよう手助けしたいと思います。錬金術では，個々の実体は衝動が具体化され体を持

ったもの（embodiment）だといい，閃光と彼らは呼んでいます。この閃光が，不断に存在を創造するのです。錬金術師の仕事は，存在を解体し，その存在を与えている閃光へと至ることなのです。錬金術師によれば，閃光が集まると，癒しは促進されるのです。イメージが具体化している衝動を解体するためにわれわれが開発したテクニックは「内的な模倣（interior miming）」と呼ばれるものです。猫の動きに感じ入ることで，夢見手は猫と一体になり，その存在の中に含まれている猫の衝動を感じることができるようになるのです。それは，アボリジニーの人々がカンガルーの狩猟に行くときに，カンガルーダンスをするようなものです。彼らはカンガルーに「なる」くらい深くカンガルーの動きの中に入るのです。彼らは言います，「カンガルーを見つけたいのなら，カンガルーよりもカンガルーらしくなくちゃだめなんだよ，そうでないとカンガルーは決して見つけられないよ」と。

　この猫の夢見手は，この猫が創り出している衝動を具体化するためにこの夢の猫の中に入り込んで，感じなくてはなりません。最初のセッションでは，夢見手は非常に抵抗していました。私は猫に集中するよう励ましました。抵抗は頻繁に生じてきます。人々は，猫の見方といったような，慣れない見方に精通するために，馴染みのある視点を捨て去りたくはないものです。この時点で私は，古代の医学では何千年もの間夢の中の動物を扱ってきたこと，そしてそれはかなり効果があることを説明します。これで彼の抵抗は弱まったようです。彼は猫のなめらかでしなやかな動きについて述べ，ほんの一瞬体が解き放たれるのを感じますが，すぐに元のように硬くなります。この猫との出会いから，看護師と一緒にやれる実践を編み出します。後には，彼は一人でやる方がよかったようです。自分の体の中でその猫が動く瞬間を感じるまで，猫を見つめます。

　3週間後，再び私は病院を訪れました。実践をちゃんとやっています，と彼は言いました。私は私で，猫ではありません，と彼。そうですよ，と私。ええ，もちろんですとも，あなたは猫ではありません。あなたが猫に出会ったのです。その猫は，あなたが夢で出会った独立した存在です。でも，猫をよく見ることで，猫の生きる力の中に入って感じることは可能なのです。彼

は同意します。今回猫を見たときは、体中に猫の動きを感じることができます。喜びに満ちた表情が彼の顔に表れます。猫が彼を乗っ取り、彼は猫に憑かれているのです。われわれは猫という存在による人工的な憑依を促し、そのために猫を生み出す衝動が、夢見手の体を巡ったのです。彼は猫のしなやかさ、その脚の動きを感じますが、それは彼の、癌で動かなくなった、慣れ親しんだ硬い体からは程遠いものです。慣れ親しんだ体の状態からは抜け出し、未知の存在様式の見知らぬ新鮮な領域へと入りました。禅では、初心に還ると言われています。その猫は薬です。媒体（Medium）の薬が彼の体に入ったのです。

岸本氏は報告しています。

　2000年7月に初めて彼が私たちの科に送られてきた時、彼の周りには硬い壁があるように感じられました。必要なことしかおっしゃいませんし、笑われません。病状が良くなった後も、ずっと一日中病室におられました。感情を表出されません。私たちの質問にもほとんど答えられません。自分の固い殻に閉じこもっておられました。コミュニケーションをとるのがひどく難しいと感じました。今ではよくコミュニケーションが取れます。よく笑顔が見られ、よく喋られます。思い返すに、猫の夢を見られた頃、ドリームワークの1カ月くらい前から、徐々に変化が始まっていたように思います。
　もう一つ変化があります。彼は抗癌剤治療を受けることについて、心が決まっていませんでした。ドリームワークをしてから決心されたように感じます。（そのことについて尋ねてみたわけはありませんが、そんな気がします。）現在彼は、残された人生をどのように過ごすのかについて考えておられます。このようなことについて話せるようになられたのは大きな変化です。ドリームワークが直接影響を与えたのかは分かりませんが、ドリームワークの頃に彼の中で何かが変わったと感じます。4月12日、抗癌剤をその患者（猫の夢見手）の動脈に直接投与する治療がなされました。経過は良好で肛門の腫瘍からの出血は止まりました。昨日はナースステーションまで歩いて来られました。

　古代の医療、つまり身体を治療するのに役立てるために媒体（Medium）の世界に助けを見出す技は、現代の二元的な医学とも完全に共存しうると思

います。私が述べているのは，この会議で私が理解したリラクゼーションによる方法と同じではない，と思います。同じことを何度も繰り返すのではありませんし，外界の思考を締め出したりもしません。体のドリームワークは，ずっと圧力をかけ続けることで，変容する媒体（Medium）に働きかけるのだと考えています。注意深く感情移入しながら見ていくことで，夢見手に憑くくらい強くなるまで，その猫の存在に圧力をかけます。そのようにしていると，猫を創り出している衝動が，夢見手の体を再創造し始めるのです。体のドリームワークは，新しい体の感覚を創り出しながら，サトルボディにわれわれの体を乗っ取らせます。そうすると，その人は違ったように具体化され，体を持つことになるので，実際体に影響を及ぼします。逆説的なことに，それは圧力をかけることで機能するのです。

　あなた方はエピダウロスから新しいロバを買って戻ってきつつあります。創造的な閃光が，それは確かにアスクレピオスの神なのですが，あなたに癒しをもたらしたのです。ペロポネソスの上に太陽が輝いています。

第5章　体現的想像力

　先史時代の洞窟の奥深くにいると，世界が違って見える。どこからともなく，突然，1万3000歳のマンモスたちが，どちらかというと無関心な様子で私たちのことを見下ろしている。私の頭上にある，石の氷柱のようにぶら下がっている鍾乳石を，見つめている。思慮深くぼんやりと立っているマンモスの牙は成長して止まず，不快なほどに伸びているが，長い年月で磨り減っている。他のマンモスたちに長老と呼ばれているマンモスである。美しく描かれているが，地層の異なる石に刻まれているので，その毛皮の毛羽立つ様子がかえって目立つ。何かの指で石に引掻いたような痕の上に描かれている。その引掻き痕は，熊が壁で爪を研いだ時に残された引掻き痕と似ている。熊が立ち去って随分たってから，われわれの祖先がこの洞窟にやってきた。ペリゴールという現在のフランスの一地方にある，ルフィニャックの洞窟で，1万3000年前のことである。

　私は，われらの祖先が洞窟に入り，熊が壁に残した傷痕を見ている様子を思い描く。これが壁と対面する方法に違いない，と彼は思う。それで最初は，それに似たような痕を指で引掻いて残し，祖先である熊のやり方を模倣する。何億年もの間，ここを冬のベッドにしてきた熊を真似るのだ。こんなふうに

祖先がしてきたのだから，私たちも同じように始める。私たち自身の印象の背景として，祖先を尊敬するのである。長老のマンモスが立って，何キロメートルも手前の洞窟の入り口の方を振り返ってみている姿が，格子状に引掻かれた痕に刻まれている。熊の爪のような四本の指を鋳型にして。遠く右の方には，二つのマンモスの群れが出会い，互いに見つめているところが目に入る。帯状装飾が壁の輪郭に倣って描かれている。これらの群れは，その巨大な本性を示す力である。群れは出会い，面と向かっているが，おそらく平和的な出会いで，偉大な 精神(スピリット) の二つの種族である。これは一貫した絵では最大のものである。マンモスの精神が自分自身と対面し，出会い，鏡映する，そんな洞窟である。

　壁に沿って，われらの祖先が，2フィートほどの高さの洞窟を，腹を震わせるシミーというダンスを踊りながら進んでいき，偉大な精神の世界，巨大なマンモスの世界に 参　入(イニシエート) していった様子が私には見える。自己と対面すること，激突あるいは祝祭の中での自己との出会い。50センチほどの高さの大ホールまで這って行き，そこで仰向けに寝て，偉大なる精神を描いたに違いない。その偉大なる精神の最中で彼らは生き，そのもう一つの存在，人間よりも大きく，速く，強いもの，を天井に描く。そうしてその精神を捉え崇めると，その力に預かることができる。距離をとることができないので，天井に描いた動物は実物大で，実際の比率を完全に保って，まるでその体の中に入って，体の輪郭を感じることができるかのように描かれている。小さな油脂のランプを照らして，露払いをしながら洞窟を進む中で，彼［祖先］が自分の深い恐怖，畏怖の戦慄，偉大なものの世界との激突，などと対面する様子が私には見える。出会い，対面，直面，苦闘，対立する方向，偉大なるもの，が道を示す。われわれは原始的な回廊を離れ，座り心地の良いミニ電車に待機用洞窟から乗って何キロも戻る。この電車は即席の体験を好む現代人のせっかちな好みに合わせたもので，入り口まで戻ると，そこで絵葉書が待っている。

　体現的想像（embodied imagination）をすると，存在の床岩に刻まれたマンモスと出会う。それらは人間に先んずるもので，人間を小さく見せ，おそ

らくわれわれの存在などには無関心である。体現的想像は，それらを知るための方法である。

その旅は，これまで一度も試みられたことのない実験である。17人の小隊を組んで，濁ったヴェズレー川沿いにある岩の壕で生活をする。そこは50万年以上にわたって，人間あるいは類人猿が住処としてきた場所で，そこにキャンプを張り，一緒に夢を見て，想像力によって知を得ようとするのである。

洞窟は，時に壮大な教会のようで，鍾乳石の柱が美しく光り，壁から滴る水によって作られた，巨大なパイプオルガンもあり，揺らめく火の明かりの中で動物の"精（スピリット）"が，岩の心臓から出てきて，土地の"精（スピリット）"がいることを知る。こういう環境でする想像は，タイムズスクェアでする想像とは違う。その違いは直感的に分かる。大地の深い窪みの中で温められる黙想は，ニューヨーク都心の歓楽街のネオンの明かりがきらめく場所でするのとは違う。いずれも想像力を喚起するが，かなり違う。しばらくすると，われわれの心臓は，土地の"精（スピリット）"に合わせて拍動する。ウォークマンの孤独な世界に逃げ込まなければの話だが。

われわれのキャンプは，ラ・マドレーヌ（La Madeleine）にある。ここは，まだ発掘されていないが，貴重な先史の重要文化財が見つかった場所の下にある。それらの至宝は多数の美術館に供され，その時代の名前，マドレーヌ文化期（Magdalenian period），もここに由来している（マドレーヌがラテン化した名前である）。3万年から1万3000年前のことである。その場所の所有者の許可を得ていたので，先史の場所の究極的な権威である憲兵には尋ねなかった。こうしてわれわれのキャンプは法の外，時間の外，国境の外で行われ，参加者は6つの国，4つの大陸から参加した。先史時代の人たちが食べたであろう食べ物を食べ——唯一の例外はちょっとした間違いから食べたパスタである——寝る時は砂の上に，岩の覆いの下で寝たが，その岩の覆いは，われわれホモ・サピエンス・サピエンスよりも遥か以前にこの大地を歩き回ったホモ・エレクトゥス，原人の身も守った岩である。ここで私は夢を見る，背の高いホモ・エレクトゥスの人々が，行進の太鼓とチューバを持

って,『ミュージックマン』という映画の先史時代の場面のように, 岩宿の遥か向こうの端から歩きながらやってきて, われわれクロマニヨン人(マドレーヌ文化期の人間で, 遺伝的にはわれわれと同一の祖先), その時代の新参者を出迎えてくれる夢を。

　1週間のうちに, 個人の心痛や現代に生きるわれわれの苦痛と喜びについての夢を見てきたが, いまや, 夢見は変わりつつある……。

　旅の間, 私はバーサと私の母国語であるオランダ語で話ができるのが楽しみだった。彼女の若くてやさしい顔は, 内気で敏感な感じである。彼女は夜の世界から雄牛を連れてきた［牛の夢を見た］。われわれのキャンプ地の遥か彼方から走ってきた雄牛である。雄牛は再び現れて, われわれが住処としている岩にむかって突進している。バーサは雄牛の頭蓋骨が砕けてしまうのではないかと心配になって目を覚ます。

　再度雄牛を賞賛し, 火を燃やしている窪みの周りにその一族が終結しているのを心に刻み込むと, 自動的に彼女にはその牛の姿がだんだん大きく見えてくるようで, 堂々とした雄牛が近づいて見える。その背中は弧を描き, 頭は下がっていて, 角には力が漲っている。木を燃やした時のじゃ香の香りと欲望とが混ざり合いながら, 性的な力がパラパラ, パチパチと音を立てる。私は息を深く吸い込む。徐々に彼女は雄牛の力を感じることができるようになり, 弧を描く背中と首にある力とを感じるよう彼女に指示する。雄牛の存在感はどんどん増して, その蹄が皆に聞こえるようになる。その後, 雄牛は静かに立ちすくむ。バーサはもっと近づいて, その皮膚にほとんど触れそうになり, その鼻息も聞こえ, その雄牛の息を吸い込んでいると感じるほどになる。「私は雄牛になりたいです」と彼女は叫ぶ。シャーマン的な忘我の状態で恍惚に浸っている様子。しかし, 忘我の状態にあるシャーマンは, 自己の痕跡を一切消し去るように十分訓練を受けているので, 雄牛がそれ自身になることはできるのだが, 自分が雄牛になるのではない。もしバーサが雄牛になると, 自分という脆い網を雄牛の形に投げることになるので, 肥大するか破裂してしまう。忘我で自分を解放する覚悟ができていないので, シャー

マニズムに少し手を出した西洋人はたいてい，退行するだけで終わりとなり，体験の力に圧倒されて，それから何も得られない。ドリームワークは，私の見るところ，シャーマニズムではない。ドリームワークは，C.G.ユングが最初に定式化したように，自己と他者との対話，バーサと雄牛との対話に常に留まるのであり，シャーマン的なモノローグへ陥らないよう踏みとどまる。そうしないと自己が消失して完全に憑依されてしまう。バーサは，私が二重意識と呼ぶ状態に留まらねばならない。二重意識とは，雄牛の主体（subjectivity）に相当するような自覚状態（state of awareness）を十分に体験しながら，雄牛は他者であり自分ではないということを完全に自覚しているような意識を指す。これは容易なことではない。西洋では，小さい頃から，同一化によって主体を理解するよう訓練を受けている。われわれは主体に同一化する。が，これは必然ではない。主体に同一化することなく主体を体験することは可能である。［ドリームワークの］仕事は，それらを引き離すこと，主体との同一化を引き離すことである。雄牛が岩面に突進している時には，バーサは体全体に雄牛の莫大な突進力を感じることができる。しかし彼女の視点が変わり，他者の目から，雄牛の目から，岩壁を見ることができるようになる。すると壁に多くの小穴や入り口があいているのが見える。バーサは雄牛が壁に走っていくのを感じ，それからその一部となって，すべてのエネルギーが均衡状態へと変わる。

　バーサがキャンプ地の彼方に雄牛を見たとき，彼女が雄牛に近づけば近づくほど，彼女の体にはその力がどんどん入ってくる。嵐の中を歩くように，雄牛は乱流の大渦巻きとなる。イメージに近づけば近づくほど，それはわれわれを取り巻く環境となって，その中に自分がいるのに気づくようになる。ここに，メンタル・イメージと呼ばれるものと，体現的想像（embodied imagination）との違いがある。メンタル・イメージでは，雄牛がいる世界を想像する。雄牛は想像された空間という環境の中にいる。メンタル・イメージは，物理的な世界との類比に基づいている。実体は，空間の中にいるのである。しかし，体現的想像においては，もし内と外という概念を使うなら，内と外とが逆転している。雄牛はもはや世界の中にいるのではなく，世界が

突進する雄牛の中にある。この当惑するような事実を上手く表現したのが，創造的想像力の偉大な学者の一人，アンリ・コルバンである。体現的想像の研究の基礎をなす論文（「創像的世界あるいは想像と創像」，1972）で，コルバンは次のように言う。

　……「の中に」とか「の内側で」といった前置詞で表される内部性の関係が反転している。霊的（スピリチュアル）な体あるいは実体は，どんな世界「の中」にも，それらの世界「の中」にもない。物質的な体がその空間の中にあったり別の体の中に含まれていたりするのとは違う。反対に，それらの世界の方がその中にあり，……それぞれの霊的な実体こそ「その天の圏域全体の中」に他ならない。

　最初に，私自身は形而上学者ではないことを強調しておかねばならない。だから，私は，雄牛が霊的な実体であるかどうかはわからない。私にとって，雄牛は，体現された存在（an embodied presence）である。それについて私が知っていることは，雄牛はバーサにとって存在していたのであり，それは想像の存在，創像的な体である，ということだけだ。バーサが雄牛のメンタル・イメージから離れて雄牛に近づき，雄牛が彼女を自分の世界へ引くと，彼女は雄牛の宇宙——雄牛自身の自然法則を持つ自己包含的な宇宙という意味だが——その圏域に引き入れられる。この宇宙は雄牛という創像的存在の中にあり，それが「その天の圏域全体の中」なのである。夢が，われわれがその中に住む自己包含的な世界であるのと同じように，体現的想像の存在に参与していくと同じことが起こってくる。それらは想像の中にあるのではなく，想像の方がそれらの中にある。体現的想像においては，物理的な領域に見られるようなそれを包含する空間はなく，それぞれの実体が，世界全体の輪郭を与える。「突進する雄牛」の世界の秩序とは，潜在力，推力，熱と切望のそれである。これらのベクトルの中に一度入ると，われわれの体に深く影響を及ぼすような力の場の中で弄（もてあそ）ばれることになる。バーサの呼吸は速くなり，脈は速く打ち，目には涙が浮かび，おそらく，脳波の機械につながれれば，脳波のパタンも変化していて，MRI とか PET にもそれは現れるだろう。彼女の体は十分に影響を受けている。突進する雄牛の圏域が憑依した

のである。

　イメージが憑依すると，そしてその呪縛の下に置かれると，雄牛は体を持つ（embodied）。われわれの体が雄牛の体になるのである。しかしながら，創像的実体の存在の中では，そのような想像の体現は，われわれの一部分の表現ではない。雄牛はバーサの一部分ではない。さらにコルバン（同, p.9）を引用すると,

　　イメージは，それが内在している下層（この場合はバーサの体）と独立していて，まるで偶然そうなったかのようである。通常用いられる喩えは，イメージが鏡の中に現れて存続する様式である。鏡の物質的な実質（彼女の体）は，金属であれ鉱物であれ，イメージの実質ではない。イメージは，たまたま鏡と同じ物質からできているに過ぎない。実質とは単に，「外観の場所」に過ぎない。
　　　　　　　　　　　　　　（引用文中の（　）はボスナックによる挿入）

　バーサの体は，雄牛存在の外観の場所となったのである。これを私は，鏡体（mirror body）と呼びたいと思う。彼女の体の中で，雄牛存在が，鏡に映るように映し出される。バーサと雄牛は，ただ偶然同じ実質からできているに過ぎない。鏡とそこにたまたま映し出されるイメージとが同じ実質からできているように。バーサと雄牛は，少しの間鏡体を共有しているともいえる。
　体現的想像と直面すると，世界は反転して，われわれがその世界の中，その状態の中にいることになる。われわれの体は，その存在を鏡映する。創像的実体がわれわれの一部であると仮定する限りは，この反転は理解できない。体現的想像のモデルを，実体を包み込む物理的空間のパラダイムに求めることになるからである。この場合，いわゆる「私」に，その実体が含まれると仮定することになり，雄牛は私の一部ということになるが，そうなると私はすべてを包み込む場所ということになって，その中に創像的な存在もあらねばならないことになる。こうなると，われわれはメンタル・イメージを越えることも，深みを探求することもできなくなる，というより他ない。その深みにこそ，われわれが出会う存在内の宇宙があり，体を与えられる

（embodied）場所であるのに。

　体現的想像のモデルの中から見ると，心は単一の世界ではない。体現において，魂は多種多様な世界，たとえば，雄牛，ジョンおじさん，近所の車などを鏡映する。これらの世界は，われわれの中にあるのではない。それらは体現であって，鏡体に映し出される存在である。それらが，先史時代に岩面に描かれた絵のように，眠ったままであっても，存在の多面性として存在しており，鏡が体を与えてくれるのを待っている。体現的想像のこのモデルにとって，主体が多数あることは標準であって病理ではない。唯一の主体などなく，ただ多数の世界があり，それぞれが自分自身の主体性を鏡映する。鏡体は身体性に多数の自己を付与し，われわれの体にしばし留まるが，多数の自己の行列が，一度に，あるいは順々に，われわれの単一の物理的な体に反映される。この観点からは，創像的なワークの主な課題は，多種多様な自己を互いに自覚するようにさせて，想像の工芸（craft of imagination）を通して相互ネットワークを作ることである。このモデルでは，多重人格障害を持つ人は，体現的想像の多数性を測りきれず，それぞれの自己を生き抜くよう追い込まれて，眠っている他の自己が同時に共存することを強いられているということになる。本来なら，それらの休眠状態の自己は潜在的な静的エネルギーとして存在していて，洞窟の壁の絵のように，それを映し出してくれる鏡体を待っているものなのだが。

　たとえば夢のような形で体現的想像が多数の体現された状態として視覚的に示されたなら，これらの多様な状態を同時に体験すると何が起こるだろうか。

　マーク・ソームズ Mark Solms は『夢の神経心理学』（Lawrence Erlbaum Associates, NJ, 1997）という革新的な本を書いたが，彼は，左頭頂葉が脳の中の三つの基本的な変換部位の一つであり，そこで夢見が生じることを示している。左頭頂葉に接続する心的活動の記述の中で，彼はこう述べている。「この領域の心的プロセスは，継時的なプロセスというよりもむしろ，同時的なパタンという形で再現される」と。もしこれを，夢見の想像の中心的なパラダイムとして採用するなら，体現された夢イメージをワークすることは，

多数の状態が同時に体験されねばならないという必要条件に相当するはずである。このように，体現されたネットワークが姿を現し，それによって根本的に新たな自己の感覚が注ぎ込まれる道が開ける。もし夢見を創像的状態の継時的な列挙と見るならば，夢見は語られる時間的な線に沿った水平的な動きとしてみえてくるだろう。体現された夢イメージのネットワークでは，水平的な語りの構造を 90 度転換させ，垂直的に見ると，ある同時的な一瞬にあるものとなり，物語の筋が一つの軸となり，創像的体現の断面に凝縮される。

ヘレンは私と何年にもわたって分析をしてきたが，州北部の深い峡谷と早い川の流れる場所に移っていった。しばらくして，彼女は多発性硬化症と診断された。今から 1 年前のことである。これについてわれわれは特にやり取りをしたわけではなく，1 年後に私は夢のワークショップをするために彼女のいる町に来た。彼女の夢は診断の衝撃を私に知らせてくれる方法となった。まだ目立った症状はほとんどなく，病気に対する深刻な不安だけがあり，彼女がその知らせをいつ知ったかを私に話してくれたのは，次の最近の夢をグループに告げる 1 日前のことだった。

　私は大きな石の建物の中に別の女性といる。ジェリーは自分を傷つけている。彼がいるのは私たちの近くの建物だが，急斜面の下の方にある。私と一緒にいる女性が，流れが急な小川に飛び込もうと決心する。その川は滝のように下りて，その建物の近くまで続いている。彼女は飛び込み，私も彼女の後を追う。それが助けるための最速の方法だから。私はほとんど水の上に乗って，水の上に立って，早瀬の先端を進み，気分は高揚してすばらしいと感じる。時々胸まで沈む。なぜか大きな波が見える。私の上に降りかかる。波に呑まれ，意識を失い，病院のベッドで目を覚ます。そこには私を救出してくれた二人の男性がいる。二度，私は彼らに言う，「警察を呼んで」と。ジェリーを助け出すことについて考えていたからである。

[逐語録から]

ジェリーは仕事の同僚です，と彼女は言う。
早瀬（彼女が今住んでいるところのすぐ近くにはいくつかの早瀬がある）

は，すばらしく，見たり聞いたり香ったりするのが好きだと彼女は思っている。

彼女に，自分の人生の中でこの夢と関連していると感じることについて尋ねると，ヘレンは，1年前にMS（多発性硬化症）と診断されたことに言及する。自分の仕事がどんなふうになるか，どんな新たな制限が課されることになるか，心配になるという。たとえ今は健康で，最近調子が悪くなったときもさほどひどくなく，それも1年以上も前のことではあるが。彼女は病気についていろいろ考えている。

（一般的な方策として，私は夢に入るのに，比較的安全と感じられる場所を選ぶ。そうして，一番抵抗が強い場所，あるいは最も離れた場所にワークを進めていく。）

石の建物を彼女が記述している部分が，夢のイメージに入っていくのによい場所である。というのも，石の建物は，頑丈で硬いという印象を与え，彼女の心の中で明らかに目立っているからである。石の建物によって描き出されているような，体現された硬さという鏡体に入っていくことができると，安全な雰囲気を持つことができるので，感情が扱いきれなくなり，容器の中の圧力が高くなりすぎたときにはそこに戻ればよい。それは「減圧」に使うことができる。彼女はその建物を，巨大で，強く，高く，古い，と描写する。建物の強さを感じる，高さとその近くにある早瀬をしのげるように建てられた建物の強さ。それは人工の石で作られており，丸石ではなく，大きな2×3フィートの角石である。中は，灯りがかすんで，明るくはなく，自然な，弱くてぼんやりした明るさである。彼女に壁に注意を向けるように言って，その強さの感覚を彼女が得られるように手伝う。1年間，多くのことをしのいできた強さを。入眠時の意識状態──覚醒と睡眠のちょうど間の意識状態で，入眠時に自然に生じてくる状態だが，体現的想像の際には人工的にその状態になる──で，彼女は，壁がいかに強いかを感じることができると応え，その強さの感覚を背骨に得る。彼女は今や，「強く，古く，大きな建物」の鏡体に吸い込まれた。それによって彼女は背中に支えの感覚を与えられる。強調することによって，彼女がこの鏡体を，背骨の引き金地点として

刻み込むよう手伝う。そうすれば，必要なときには，背骨に焦点をあわせるだけで，刻み込まれた「強く，古く，大きな建物」の体現が自動的にその雰囲気をかもし出してくれる。このようにして，彼女の物理的な体が，鏡体の舞台となる。

今度は彼女をジェリーの意識に導く。ジェリーは洪水を経験した人で，その事故の犠牲となった人である。重病の診断は，しばしば，事故として体験される。私がジェリーの名前を口にすると彼女は深くため息をつく。彼女に尋ねると，ジェリーは事故に遭ったと話してくれる。彼の足の具合が悪いようである。彼は動けないとのこと。私は，MSによって足が動かなくなった古い友人のことを思い出す。ヘレンがあまりに現実のこととして彼の傷のことを語るので，本当に彼女が覚醒時の生活でのジェリーの実際の事故について話していると見るのがいいのか，私は二心あるのではないかと思ってしまう。しかしはっきりしているのは，彼女が夢見の中のある記憶について話していること，夢見の中で彼女が知っている何かついて話していることである。ヘレンは，彼を助けなければという衝動にとりつかれている。彼女は彼を助けなければならない。この情動的な衝動は彼女の腕と喉の感覚として姿を現す。ジェリーへの共感の涙があふれ始める。共感を感じながら，彼女は，彼がどれほど深く傷ついたかを自覚する。しばらくして，私は彼女に再び背中に注意を向けてもらう。背中は強い感じがすると述べ，腕は，前方に伸ばし，救いの手を差し伸べたいと感じる。体現された救いが，いわば，強い体幹から枝分かれしてぶら下がっているかのようだ。鏡体の幾何学的な配置は，俳優の舞台と似ている。

彼女にしばらくの間この体幹と分枝という，体現の幾何学的な相互作用を体験してもらってから，私は，飛び込んだ女性へと進み，彼女の動きのエネルギーの後を追う。舞台の動きの詳細に焦点を当てることで，夢見手は創像的存在の鏡体に集中できるようになる。ヘレンは，その女性は自分の左手にいて，すでに行動を始めており，飛び込むことに心を決めているようだと描写する。その女性がヘレンに一番はっきり見えたのは，彼女が飛び込むときである。彼女は，漠とした空間にすばやく飛び込んでいったように思われた

が，その間ヘレンは建物の中にいて，その女性が建物から潜るまでの間，姿を見失う。彼女はまず手から飛び込む。それはしなやかで，特に腕がしなやかに感じられる，とヘレンは言いながら，飛び込む女性の描いた曲線を示してくれる。彼女は完全に自信を持っている，とヘレンは，「飛び込む女性」の鏡体の内側から報告する。彼女の体は滑らかに動き，とても自信にあふれ，飛び込んだ女性の主体的な体験の内側から私に語りかけてくる。ここでヘレンは怖くなる。お腹に動揺を感じる。「飛び込む女性」の自信にあふれた鏡体から転げ落ちて，習慣的な自己に戻ってしまった。彼女は動揺し，すばやく動く必要のあるこの大切な時に怖くなる。外の道の急勾配も心に浮かんでくる。しかしその女性は，道を降りていったのではない。ある種の驚きをもって，ヘレンはまるですぐには信じられないという様子で，彼女がどんなふうに飛び込んでいったかを繰り返す。私は彼女に恐怖を感じるように励ます。彼女がそうする間に，私は自分の呼吸が寛いできたのを感じられる。恐怖のエピソードの間，私は自分の息を殺していた。そのことを私が彼女に話すと，彼女自身も，呼吸が寛いできたと言い，それは恐怖に注意を向けてからのことだったと言う。もう，飛び込む場面に戻ることができる。ヘレンは飛び込みがその女性の体現された観点からは，いかに物理的で本能的なものであるかについて述べる。それはメンタルなプロセスではなく，まさに純粋に本能的なプロセスである。彼女はこの本能的なプロセスを，背中の上部のエネルギーとして感じ，硬さだけではなくしなやかさとしても感じる。

　彼女を早瀬に導く前に，少しの間，「石の建物」の鏡体にもう一度入って感じ，その硬い強さを取り入れておく。今や多数の状態が同時に体験されている。背中の下部には「石の建物」，背中の上部には「しなやかな飛び込み」，腕には「救出」，お腹には「急斜面の恐怖」である。水平的な話の筋道が90度角度を変えて，体現の垂直的同時的断面となっている。

　これから，白い水に入っていく。

　彼女は足が水の中にどんなふうになっているか，水の上を滑っている様子を描写する。高揚して，すばらしく，絶景である。同時に，彼女はお腹に恐怖も感じることができる。急峻な部分が彼女を恐怖させるのであって，早瀬

が怖いのではない。水を彼女は，刺激的なものとして体験している。彼女は腸に，気分の高揚と恐怖の組み合わせを感じることができる。突然，私は，大波を導き入れる。彼女の2倍の高さもある大波で，10フィートは優に超す。彼女はそれと面と向かっている。大きい波で，視界がすべて遮られる。もう空を見ることもできない。彼女の上に覆いかぶさってくるのは避けられない。「自分の意識が失われていくことだけを感じています。ノックアウトされて（と言いながら彼女は笑い），私の意識を完全に圧倒してしまいます。それについてはもう考えることができません（と再び笑う）」。何がおかしいのかと私が尋ねると，いつも，すべてのことを考え抜くことができるのが好きなのだ，と答える。でも今度はいやなのです！

「意識を奪ってしまう大波の前にいるのはどんなふうですか」

「すごいと思いますが，怖いです」

「すごくて怖いものと面と向かっているのはどんなふうですか」

「例の石の建物はもうない，としか思いつきません。立っていられる場所，つかまる場所がありません。完全になされるがままです」

「波のすごさとその力とを感知することができますか。そのすごい力はどんなふうですか。理解を超えた力と面と向かうのはどんなふうですか」

「その力をもちながら，この形の意識に留まることはできません」。ヘレンは深くため息をつく。

それで私は，強い建物の鏡体と「飛び込む女性」のしなやかさを再度導入し，彼女に，これに襲われる間も意識を保ち続けられる可能性をもたらそうとしてみる。彼女にはこれまで私たちが集めてきたすべての引き金部位を移動してもらって，それらによって暗示されている鏡体を復活させようとする。

「背中に石を，長い間そこにあった石を感じることができますか。背中の上部のしなやかさとその衝動の確かさを感じてください。お腹を感じて，その急峻さへの恐怖を感じてください。ジェリーを救おうとして伸ばしている腕を感じてください。そういう体で，早瀬を感じてください。この体に，波のすごい，ヌミノースな力を感じることができますか。それと面と向かって

立つことができますか。無意識に進まないでください。ただそれを感じて下さい。その波と面と向かうのはどんなふうですか」
　「体が震えるのを，揺れるのを感じます」
　「それを感じて下さい。それに留まってください。その揺れに留まってください。揺れの内側はどんなふうですか」
　「それを止めたいです」
　「どうぞ，どうぞ，そこから出ないでください。意識を失わないでください，気を失わないでください。その揺れの中にすっぽり入ってください。それはどんなふうですか」
　「ただ感じるのは——とても——それを受け容れるのが本当に難しいです。それに戻ろうとし続けています。物事がひとりでに動いていくように感じます」
　「ええ，本当に，ひとりでに動いているものを感じて下さい。言葉があるときには話してください。無意識に行かないでください。気を失わないでください」
　ヘレンはたくさん頭を動かし，足を震わせ，手を開いて両手の指先を合わせる。「揺れています。少しゆっくりになりました。わかりません。医者が膝を叩いたらひとりでに動くような感じです。私が理解できる意識はないです」
　「この自動的な動きを感じ続けてください。それにはそれのやり方があります。そしてこれを感じながら，もう一度，このヌミノース的な波と面と向かって立つことができますか。どうですか」と私は彼女に尋ね，彼女にもっと十分にその揺れに入ってもらう。
　「揺れは続いています。それをもったまま何とか動けそうに感じます。じっとしている必要がなくなりました」。彼女はしばらくすすり泣いている。「もう動くことができます。私はもっと動くことができます」
　「それに対して腹痛も，意識を失うことも，気を失うことも，必要ない」
　「私の中を突き抜けていくことができます」と彼女は深く息を吸う。
　「その感じを続けてください」

「それが沈んでいくように感じます。私の中を突き抜けていきました」。彼女は目に見えて穏やかになる。

「この感情があなたを突き抜けることができたのですね。もしその感情に毎日数分ずつ留まることができるなら，そうして下さい。できると思いますか」。恐怖の波から薬（チンキ）を抽出したのだ。医者が膝を打つときの自動的な反射のように，恐怖は突き抜けることができる。それを毎日繰り返すことで，このチンキによって誘発される態度が条件反射のようになり，恐怖が生じてくるたびに，というのも，MSが神経系に深く進んでいくと避けられないことだろうから，恐怖は抵抗なく突き抜けることができて，覚醒する意識には深い息がのこる。

「はい」と彼女は言い，何度も頷きながら「はい」と言う。

「そろそろ終わりにしましょう」

ヘレンは目を開け，笑い，頷き，涙を拭いている。

「私の胸を打ったのは，すべての側面を感じることがいかに大切かということです。その後で波に面と向かうことができたのです」と私はコメントする。

「あなたが意識を保っていられるとは思いませんでした」と彼女は疑い深そうに小声で述べる。

意識を失うことは，圧倒するトラウマから乖離する方法である。締め出し，体をなすがままにして，体から離れる（disembodied）。乖離をもたらすようなトラウマの体験が──MSの診断も一つのトラウマだが──ドリームワークによって習慣的な意識とネットワークで繋がれ，体は，動物的な恐怖と繋がっていてももはや捨て去られることはない。日々の繰り返しが，新しいシナプス回路をもっと堅固なものにするだろう。

「私でもひどく怖がると思います」と穏やかに，心の底から言う，MSの診断をされることがどんなふうだろうかと考えながら。私たちは微笑み合う。

最後に一つの疑問。この会議の状況で私がそれを問わないのは公正を欠く

と思うので。私が乖離をどう見るか，についてである。

　体現的想像のレベルでは，相互作用をしているか乖離しているかを問わず，多種多様な主体が同時にあると思う。夢では，乖離は，隔たりとか孤独の体験，あるいは共同体の組織から引き裂かれるといったもっと強烈な形で，しばしば体現される。いくつかの幻視（visoinary）の伝統によると，（中世のスーフィー［訳注：イスラム神秘主義者］の幻視に焦点を当てたコルバンも述べているように）親和性（affinity）は，想像の中では，空間における近さ（closeness）のような形で体現する。体現された存在が想像の中で近ければ近いほど，それはより親和性をもつとされる。このような点から，私は，乖離を主体の生が，外的空間の遥か彼方の冷え切ったところに追放されて，本拠地のネットワークと通信できなくなったものと見る。ヘレンとのワークで，大波の恐ろしい体験によって，体験する主体がいかに意識の外に追い出されるかを見ることができる。この圧倒された主体は，恐ろしい外の空間を，どこにも繋がらないまま，一人さまよう。体現のワークを通して，乖離した生の形が，意識とつながりを保つことができ，それによってそれ自身とネットワークとの間の通信を回復する。トラウマを受けた自己が，遠隔通信の用語を使うなら，配線網との連絡を回復したのである。夢をワークすることで作り出されたのは，意識のネットワークとトラウマを受けた自己との繋がりであり，後者は，夢の中では，ジェリーとして現れており，事故に苦しむもの，足の調子の悪いものだが，それはMSでもしばしば侵されるところである。

　体現された主体のネットワークに基づく目で見ると，自分を中心に置く心理学を越えて，自己のネットワークへと至り，それは絶えず形を変えるアメーバのように，われわれが体現と呼ぶマグマと繋がったり切れたりする。そのような心理学は，唯一の自己が分割するという比喩から出発するのではなく，自己の共同体がさまざまな相互作用の過程にあるという比喩から始める。そうすれば，それぞれの自己を自律的な生の形として理解することができ，それがわれわれの生の主役，われわれが「私」と呼ぶものを伴っている。

しかし，そうだとすれば「私」とはいったい誰なのだろう。

「私」は主体との習慣的な同一化で，それが非常な恒常性を持つに至ったので，鏡体が本物であるかのように思われているが，本当は習慣的な意識という写真板に焼きつけられたようなものに過ぎない。主体と同一化することがあまりに習慣的になっているので，実際のところどうなっているのかを見るのが難しいのである。それは，自律的な生の形という主体であり，他のすべてのもの皆もそうであるように，神秘なのである。

文　献

Corbin, H. (1972) Mundus Imaginalis or the Imaginary and the Imaginal. Spring, p.10.
Solms, M. (1997) The Neuropsychology of Dreams. Lawrence Erlbaum Associates, NJ.

第6章　サイバードリームワークの動き

Jill Fischer との共同研究

　1970年代初期，チューリッヒのユング研究所で夢を扱うことを学んで以来，私はいろいろな国の人々の夢に魅了されてきました。二度ほど繰り返し現れてきた夢は，ポーランド出身の洋服屋の祖父（実際にはそのような先祖はいない）が夢を通して世界を知りたいと思っている，というものでした。それから私は，世界のさまざまな地域での夢見の方法について学ぶため，遠く広く旅してまわりました。とはいえ，問題は，毎年3カ月家を空け，（その間）分析の実践ができなくなってしまうという犠牲を払っても，訪ねていく人々とはたまにしか会えず，しかも会えない期間が非常に長いことでした。そのようなことがあったので，1994年頃，一般の人たちがインターネットを使えるようになったとき，この新しいメディアで，30年前の夢見る祖父（夢に出てきた祖父）を満足させられないかと考えるようになりました。

　一つだけ，いつもはっきりしていることがあります。つまり，ドリームワークは口述の伝統に属するものであるということです。夢見手を深みへと誘うのは，探索的な他者の声なのです。聞くことは読むことよりも原初的です。夢見手は，書かれた言葉によって意識の知的な様式へと移動させられ，そのつど文字に書かれた問題が提示されることになります。われわれは，話し言葉は本能的に理解しますが，書かれたテクストは間接的に理解するのです。

そのようなわけで，ネット上で話し言葉がたやすく使えるようになるまで待たなくてはなりませんでした。それは1997年4月に可能になりました。会議のようなことができるテレビ会議ソフト（VoxPhone）が登場し，誰でも持っているようなパソコンを使って手ごろなソフトで，少人数のグループの会話ができるようになりました。ジル・フィッシャー Jill Fischer，ダイアナ・クック Diana Cook，ディック・スミス Dick Smith と私はすぐに初めてのサイバードリームワーク・ヴォイスグループを作り，cyberdreamwork.com.を立ち上げました。われわれのサイトは1997年5月に立ち上がりました。われわれの目的は，最も進歩した電気通信のテクノロジーを利用してドリームワークを行うことでした。そこからワークは急速に進展しました。1999年12月には www.firetalk.com のサービスが始まり，一般の人たちにも公開されました。Webから，無料でファイヤートークというソフトをダウンロードした世界中の人となら誰とでも話すことが初めて可能になり，今では，もし希望すれば何人かのスーパーヴァイザーやサイバードリームワークの学生と一緒に最大7名までのドリームワーカーのグループを作ることができます。われわれの初めてのサイバードリームワークのコーチのトレーニングには，アメリカ合衆国と南アフリカ共和国から参加者があり，1999年秋に始まりました。トレーニングは上手くいき，南アフリカからの訓練生はアメリカにいるサイバードリームワークのパートナーたちをとても身近に感じました。

　サイバードリームワークのとても重要な点は，コミュニティを作るという側面です。オーストラリアのアボリジニーのある部族は，「朝のニュース」と呼ばれるしきたりで，目覚めるや否や自分たちの夢を互いに言い合います。そうすることで，部族，文化，共有されている宇宙に属しているという感覚が回復されるのです。

　もちろん今のところは同じ言語の人々の間でしかワークできないので，多くの人々が多少なりとも英語を喋るとはいえ，多文化間でのドリームワークには限界があります。また，目下のところは多くの国々でネットへのアクセスには限度がありますが，それは改良されるはずです。コンピュータの翻訳

プログラムが登場し，言葉の問題は大きく軽減されるでしょう。次の例から分かるように，詳細なドリームワークで使われる言語は比較的簡単なものですから。詳細なドリームワークを行っている間は，意識は眠りに近づく入眠時レベルまで沈むのです。この状態では，複雑な質問は理解されず，答えは通常簡潔です。これからの10年間で，インターネットのアクセスと言葉の問題はともに解決され，多文化間のサイバードリームワークが成熟した学問分野になる，と私は思っています。人々が，生身の体が目の前にない人々に，自由に夢を委ねるようになるには少し時間がかかるでしょうが，ブロードバンドの登場で，ビデオとすぐ（これから20年の間）にフルモーションの仮想現実が現実のものになるでしょう。そうなると，具体的な存在と仮想の存在との違いはなくなるでしょう。一世代の間に電話で親密なコミュニケーションが取れるようになったということを思い出してみましょう。目下のところは，サイバードリームワークは，主に似たような文化背景の人々の間で行われると思います。しかし，最近中国を訪れた時，サイバードリームワークの動きに加わりたいという，かなりの興味が，心理学専攻の学生たちの間にありました。

　初めから，コンピュータは電話のような受動的なメディアのままであるべきではなく，ドリームワークのプロセスと能動的に関わりあうべきだ，と感じてきました。コンピュータは夢見手の助手，質問をするプロセスでのパートナーになることになっていました。何年もの間われわれが発展させてきたドリームワークの方法は，ソクラテスの原理に基づいています。それはつまり，もし適切な質問をされたならば，人は自然に適当な答えを生み出す，というものです。ソクラテスのドリームワークの仕事は，助産婦の仕事と似ています。ソクラテス哲学の哲学者たちと違うのは，ドリームワーカーは心理－物理学的な自然を自覚した後の存在であるということです。つまり，どんな洞察も体現されねばならず，同時に情動の知覚として，また特別な体の自覚として感じられねばならない，ということです。例えば，自分は怒っていると認めただけでは十分ではなく，同時に生じるお腹のいらいらを感じることが極めて重大なのです。なぜなら，これは情動であると同時に怒りの兆

候なのですから。質問のプロセスでコンピュータを助手とするためには，夢見手の心理物理的な反応を記録できることが一番重要です。このためにC.G.ユングの最も初期の仕事，言語連想実験へとさかのぼってみましょう。

　20世紀のはじめ，1902年前後に，ユングは，ポリグラフの発見の萌芽といえる，一連のテストを開始しました。あまり有名ではありませんがユングはこの業績により，1909年にフロイトと一緒に合衆国を訪問したさい，クラーク大学から法学の名誉博士号を授与されています。
　ユングは科学的な実験を用いて，無意識的コンプレックスの存在証明に着手しました。彼は，意識が，彼がコンプレックスとよんだ，一定の性質をおびた底流に影響されていることを示しました。こうした底流そのものは目に見えませんが，意識に与える影響から，それらがどんなものなのか，結論を下すことができます。これはまさに，天文学者が既知の物体に及ぼす重力から，未知の天体の存在や規模を推定できるのと同様です。
　彼が最初に用いたテクノロジーの測定具は皮膚電気反射計でした。皮膚電気反射はおおよそ次のようなしくみです。私たちには2経路の発汗系があります。1つは冷却のためのものです。もう1つは，手のひらとか足の裏に分布していて，直接自律神経系（ANS）に接続しているものです。自律神経系に何らかの反応が起きると，1秒半以内にこうした部位に発汗反応が生じます。皮膚の発汗量が多いほど，電気は伝わりやすくなります。これは皮膚コンダクタンスとよばれています。センサーを2本の指の先や，手のどこかに装着します。（MITで，もっと使い心地のよい邪魔にならないセンサーつきの手袋の装置が開発されました。この装置は無線でコンピュータと通信できるものです。）ごく弱い電気を皮膚に流すことで，皮膚のコンダクタンスのレベルを測定することができます。この単純な方法で，自律神経系の変動を観察できます。定義上，自律神経系は無意識に機能しますので，その振る舞いと無意識の心身現象にはしばしば高い相関が見られます。
　1998年，マサチューセッツ州ケンブリッジの私たちユング派グループが指導して，ある研究が始まりました。これは，ユングが連想実験とよんだ，

彼の自律神経系研究を継承し，コンピュータ時代に応用したい，という主旨の研究でした。私たちは，夢見手が示す心身反応のうち，類似した反応は，皮膚電気反応のグラフでも形がおなじパターンになる，という仮説を立てました。

　有能な研究主任，ブルース・メーラー Bruce Mehler の特筆すべき支援により，私たちはマサチューセッツ州ケンブリッジにある，ニューロダイン・メディカル社（Neurodyne Medical Corp.）の研究所で，この仮説を検証する仕事に着手しました。この会社はコンピュータによる皮膚電気計，脳波計，心電計等の医療機器のトップメーカーです。1998年，私たちは5人の夢見手によるグループを構成しました。このグループのなかで，各夢見手は自分の夢についてワークしました。1999年6月11日のドリームワークでは，同一の夢見手のグラフの2カ所で，同じパターンがはじめて見つかりました。このグラフの類似は驚くべきもので，およそ30秒もの間続きました。これは，ランダムなノイズにしては長すぎる時間です（グラフ1）。

"キャシィ"の構想

　この結果からも，ユングが100年前に言ったことは正しかったことがうかがえます。つまり，彼が，コンプレックスとは単一の情動ではなくて，いくつかの情動が複合したもの（命名の由来）であり，隠喩によって組織されている，と示唆したことです。彼は言語連想検査から，「無意識的恐怖」のような結論は出さないで，例えば「無意識的母親コンプレックス」のように，「母親」のイメージによって組織化された，さまざまな感情が織り込まれたパターンを示したのです。

　先の例では，パターンの一致は，知識豊かで信頼できる老人との面会にまつわるものでした。最初のパターンは夢の報告時，ふたつ目はドリームワーク時のものです。どうやらこのパターンは，夢自我とこの老人との関係からくる影響のようです。ユングならこの夢人物を，世界中で広く見られ，歴史上どの時代にも現れる，元型的イメージの一族である，「老賢者」族の一人だと言うでしょう。測定可能な心身相関を示したのは，この人物との関係な

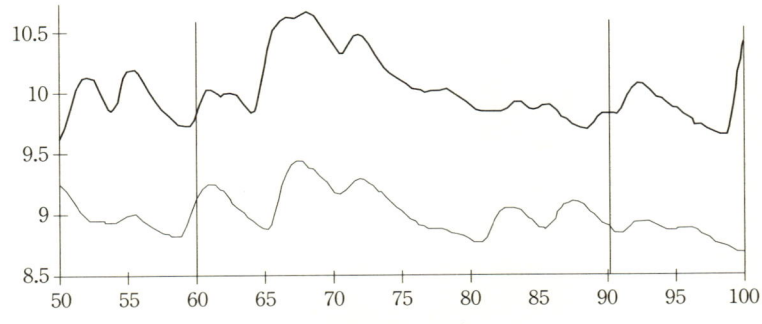

グラフ1　60〜91秒間と2736〜2767秒間の一致

上のグラフ（2736秒〜2767秒）
【45分28秒（2728秒）〜45分32秒（2732秒）】：（この男性が見えますか。）はい。
【45分32秒（2732秒）〜45分47秒（2747秒）】：彼は私を幸せにしてくれます。
【45分48秒（2748秒）〜45分50秒（2750秒）】：泣きそうです。
【45分50秒（2750秒）〜46分22秒（2782秒）】：（その感情に留まってください。ただそれを感じて下さい。）
【46分22秒（2782秒）〜46分25秒（2785秒）】：彼は本当にその悲しみの助けとなってくれます……。

下のグラフ（60秒〜91秒）
【52秒〜60秒】：男性が私たちの方に近づいてきます。彼は恐竜と意思が通じるようです。
【1分1秒（61秒）〜1分6秒（66秒）】：私たちは正面をむいて、頭を恐竜の口に叩きつけようとします。
【1分15秒（75秒）】：生き延びるためにはこれしかありません。
【1分19秒（79秒）】：どういうわけか私は怖くてもこの男性を信頼します。
【1分24秒（84秒）〜1分33秒（93秒）】：私はそれをすることに決めました。……裂け目は新しい可能性の驚くべき世界を見せてくれます。

のです。

　この一致は，ドリームワークの効果についても一つの指標をもたらしました。夢見手（女性）が夢の記憶を私たちに語った時，パターンの興奮度は相当低いレベル（グラフ1の下）でしたが，私たちが彼女を夢見の状態に引き戻して，その老人と出会ってどんな感じがしたか，いま・ここで再体験するよう援助したときは，それよりも高いレベル（グラフ1の上）だったのです。明らかに，ドリームワークはこの体験を増強していて，そのために，意識化できています。感情が強いほど，意識の表層に届きやすいのです。

　これにもとづいて，ジル・フィッシャー女史が作業仮説を立てました。それは，パターンの一致は，特定の夢登場人物の周辺で現れやすい，という仮説です。これは，パターン探索を絞り込む重要なきっかけでした。というのは，この段階では膨大な情報を眼で探索しなければならなかったのです。こ

の時点では，信号処理のエキスパートであるウォルフ・フィッシャー Wolf Fischer 博士によるパターン照合プログラムがまだ開発されていなかったからです。私たちの最終目的は，この結果を基礎にして，ソフトがパターンの照合を行う，ドリームワークの助手，キャシィ（CATHY：Computer Assisted THerapY）を構築することだったのです。

　このキャシィはパターン照合を行い，例えば「あなたが『泣きそうです』（夢見手の言葉を再生）とおっしゃった時，以前あなたが『生き延びるにはこれしかない』（再生）とおっしゃった時と同じ感情でした。それぞれの場面の感じを再現して，どうなるか，探究しませんか？」というようなコメントをしてくれるものです。キャシィのこの介入のおかげで，夢見手はどんどん深いところに到達できるでしょう。キャシィは何ギガバイトもの巨大なメモリを扱えるので，夢見手に，先月見た夢とか，去年の夢でよく似た感情があったことを指摘できますし，どんな場面だったか，連続再生してくれます。コンピュータの優秀な記憶力によって，夢見手はこれまで何度か繰り返された，構造的な感情状態に到達することができるのです。

　将来的に，キャシィには学習アルゴリズムを装備することになります。これは一種の人工知能で，これにより，個人のパターンのデータベースを次々と拡張していき，そこからキャシィが学習できるようになります。キャシィは人間と協力して，ある一定のコンプレックス感情を言い表す言葉を発見してくれるでしょう。

　利用者は，たとえばあの老賢者にまつわる感情を「恐竜人間」と呼ぶことにしたりできます。この次にこうしたパターンがセッション中に出てきたら，キャシィは「あら，恐竜人間が出てきたみたいよ」と教えてくれます。すると利用者は内省して，「はい」か「いいえ」で答えるのです。もし「はい」と答えたら，そのアルゴリズムが強化され，キャシィは学習するわけです。もし「いいえ」ならキャシィは学習を解除しますが，利用者が抵抗を起こしているかもしれない，ということも考慮に入れます。やがて，キャシィの反応はどんどん精密になり，まるで分析作業のように，感情状態を表す個人的な語彙が組み立てられていきます。

これは直感的な隠喩のサインや，もっと洗練されたアイコンにもとづいて構築されていきます。キャシィに手伝ってもらって日記を書くことも考えられますし，そういうことで得られる自己理解は有望です。彼女は私たちの情緒生活に，しばしば強く必要とされるこまやかさをさまざまなかたちでもたらしてくれるでしょう。

ドリームワーク

比較文化的ドリームワークの可能性もあります。自律神経系のパターンと直接連携しているキャシィは，文化に左右されません。彼女はどの文化に属する人にもまったく同じ動作をします。異なる文化からきた人が彼女のサポートをどのように受け入れるかは，また別の問題ですが。いままでのところ，私たちはキャシィの実現に向けて，いくらか近づいてきました。キャシィは心理療法，グループでのドリームワーク，個人でするドリームワーク，どれにも利用できることでしょう。（カップルが互いに気づきを高めてやりとりする援助など，他の応用法もたくさん考えられます。）

それでは，あるドリームワーク・セッション全体の結果を，有意なパターン一致を見ながら，再現してみましょう。

この夢のワークは33分間かかりました。夢の内容は次の通りです。

> **夢** 私は広いリビングのなかにある，瞑想場に行きます。私たちは部屋を歩き回って，互いに声をかけて自己紹介します。何人かは立ち上がって出ていきます。もっと大勢の人たちが入ってきて，雰囲気が変わります。部屋の反対側には，チベット人がいます。彼は指導者です。東洋の女性が私の右側にいます。彼女は針を私の右手に突き通すか，突き刺すかします。そうすると，私は体中が熱くなります。私は燃えるようになります。彼女がいまやったことが怖くなります。彼女は私をなだめて，怖がることはないのよ，と言ってくれます。私は彼女がもう何回か，同じようにするのを受け入れます。彼女が正しいと思ったからです。これは私に必要なことなのでしょう。気がつくと，私は彼女にとても魅力を感じています。彼女は立ち去りますが，私は彼女の後を追います。彼女はある男性と一緒に立ち去って，エスカレーターで上に昇っていきます。私はがっかりします。

私が実践しているドリームワークでは，夢の出来事を注意深く想起することを通して，夢見手が，夢を見ていて経験したのと同じような環境にもう一度入っていけるように，援助します。この夢世界の探訪は，覚醒と睡眠の中間状態，いわゆる入眠時状態でなされます。夢見への再訪問によって，夢見手はこれらの出来事をもう一度体験できるのです。夢見のプロセスをスピードダウンすることで，体験の感覚が強められ，意識が出現してきます。意識状態の出現は，心身両方に起きるようで，洞察や情動と，身体経験が同時に感じられます。

　私たちは夢見手が夢を夢自我の観点と，「針刺し女」の観点の両方から体験できるように手伝います（観点の変換は，ワークの1514秒から1538秒の間に起きました）。観点の変換の後は，グラフが示すようにワークの緊張は劇的に強くなっています。非自我の観点に移るとしばしば体験が強化されます。グラフを並べてみますと，緊張の基本レベルがドリームワークの進行にそって上昇していることがわかります。これはドリームワークでよく見られる心身のパターンです。というのは，このワークは常に圧力を高めていくという原理で行っているからです。この技法は錬金術から得られたものです。夢に対するワークは，夢見手にモニター画面で描かれていくグラフを見てもらいながら行いました。将来キャシィにしてもらいたいのと同じように，グラフにはっきりした変動が現れたらいくつか質問してみました。

　ジル・フィッシャーは有意なパターンの一致を3カ所で見つけました（グラフ2～4）。これは，ウォルフ・フィッシャー博士が完成したソフトでも確認されました。
　120～150秒間と615～645秒間の一致は，彼女の作動仮説通りでした。いずれも，夢見手の腕に針を突きつけた女性の出現の前後のパターンでした。
　777.5～787.5秒間と460～470秒間の一致では，針が貫通する瞬間と，チベット人の先生の存在に関係する反応だと思われます。これは，貫通と教

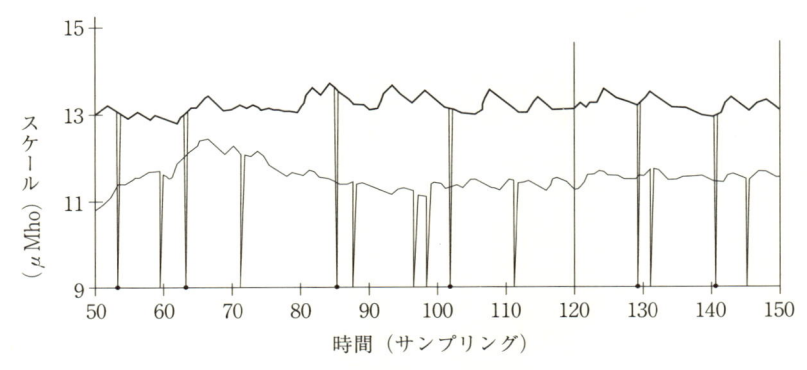

第6章　サイバードリームワークの動き　163

グラフ2　120～150秒間と615～645秒間の一致

上のグラフ（615～645秒間）

【9分36秒（576秒）～10分06秒（606秒）】：女性が見えます。彼女は私の右側に近づいてきます……彼女はおそらく中国人か、でなければ東洋人でしょう。彼女の体型は平均的です。

【10分06秒（606秒）～10分29秒（629秒）】：彼女が私の右側へやってきます。

【10分29秒（629秒）～10分47秒（647秒）】：彼女が近づいてきています。私は彼女に会うことになっているのです。そういうシナリオになっているのです。私は、会うことに対して心の準備ができています。

【10分47秒（647秒）～10分52秒（652秒）】：シナリオにはチベット人も入っています。それは起こるべくして起こることなのです。

下のグラフ（120～150秒間）

【1分52秒（112秒）】：私がいるところからおよそ6メートル離れたところの、輪の反対側の端には、チベット人がいます。

【1分52秒（112秒）～2分12秒（132秒）】：女性が私の右側に近づいてきています。彼女は、東洋人？　チベット人？　中国人？

【2分12秒（132秒）～2分26秒（146秒）】：彼女が私の方へ近づいてくるので、私は起きあがります。

【2分26秒（146秒）～2分30秒（150秒）】：私は右手を差し出します。

【2分30秒（150秒）～2分36秒（156秒）】：彼女は私の右手に針を突き通すか、突き刺すかします。

師の存在に密接な関係があることを示す一致です。こういう対応は人間のドリームワーカーにはとても取り上げられませんが、キャシィは即座に示すことができます。キャシィは人間には検知できないつながりを発見できるのです。これだけでもキャシィの存在意義は大きいことがおわかりでしょう。

　キャシィはこう質問するかもしれません。「あなたが『私の手に突き刺します』（再生音声）とおっしゃった場面と、その前にあなたが『混み合っていて、エネルギーが満ちています。チベット人の男性が私の向かいに座っています』（再生音声）とおっしゃった場面には、何か関係がありますか？」のように。キャシィは夢見手に内省に適した新しいポイントを示してくれるわけです。

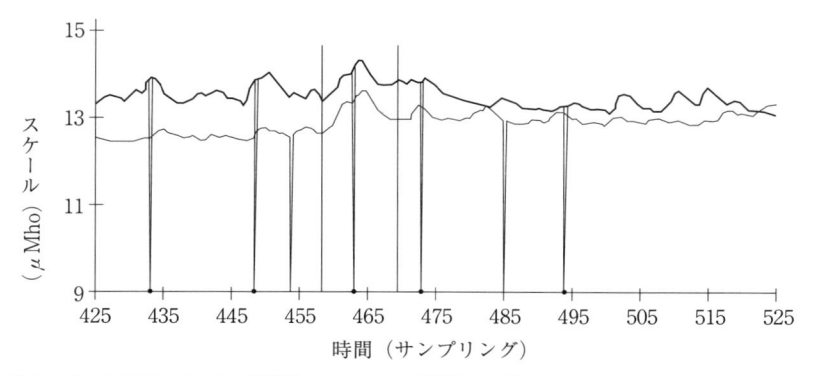

グラフ 3　777.5 〜 787.5 秒間と 460 〜 470 秒間の一致

上のグラフ（777.5 〜 787.5 秒間）
【12 分 52 秒（772 秒）〜 13 分 00 秒（780 秒）】：彼女は右手を動かし、この針をとり、それを私の手に突き刺します。

【13 分 00 秒（780 秒）〜 13 分 12 秒（792 秒）】：彼女は針を、私の手に突き刺します。
【13 分 12 秒（792 秒）〜 13 分 15 秒（795 秒）】：彼女が突き刺して、私に何かが起きます。

下のグラフ（460 〜 470 秒間）
【7 分 33 秒（453 秒）〜 8 分 00 秒（480 秒）】：私は、なぜそこにいるのか、と言います。すべての人がその部屋に留まっていて、さらに人が部屋に帰ってきます。部屋は混み合っていて、エネルギーが満ちています。

【8 分 05 秒（485 秒）〜 8 分 15 秒（495 秒）】：チベット人の男性が私の向かいに座っています。彼は、そこにいる人たちの先生で、カ——権力——をもっているんだろうと思います。

　3 つめは、330 〜 350 秒間と 1450 〜 1470 秒間の一致ですが、いちばん興味深いものです。これは楕円形の部屋という夢の建築構造と、貫通との一致ですが、人間のドリームワーカーなら気づかないつながりです。でもキャシィは必ず指摘してくれます。

　キャシィとすごす未来はドリームワークを一変させることでしょう。何千マイルも離れた相手とのサイバードリームワークでも、一人でするドリームワーク、あるいはグループや二人で行う対面のドリームワークであっても例外ではありません。
　キャシィへの投影は容易に引き起こされるでしょう。それが彼女に生命を与えるのです。特に将来、彼女に仮想身体を与える仮想現実のテクノロジーに結びつけば、なおさらです。彼女の祖母にあたる、1960 年代に開発された心理療法プログラム、イライザは、ロジャース派のミラーリング法にもと

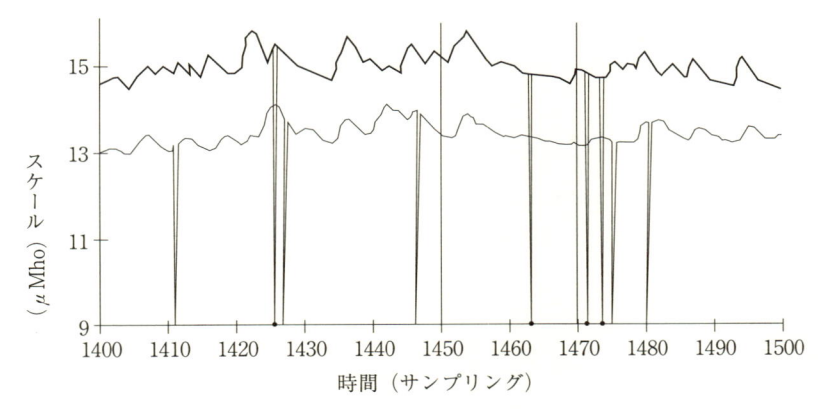

第 6 章　サイバードリームワークの動き　165

グラフ 4　330 ～ 350 秒間と 1450 ～ 1470 秒間の一致

上のグラフ（330 ～ 350 秒間）

【5 分 26 秒（326 秒）～ 5 分 48 秒（348 秒）】：8，9，10 人程います。彼らは，楕円状に集まっています。

【5 分 48 秒（348 秒）～ 6 分 06 秒（366 秒）】：今から何がおこるのか？　私はその楕円形の部屋を見ています。

下のグラフ（1450 ～ 1470 秒間）

【24 分 05 秒（1445 秒）～ 24 分 17 秒（1457 秒）】：まず，彼女がその針を手に刺します。初めて彼女はゆっくりと動きだしたのです。

【24 分 17 秒（1457 秒）～ 24 分 35 秒（1475 秒）】：（上記のことが続きます。）

【24 分 35 秒（1475 秒）～ 24 分 40 秒（1480 秒）】：すると，彼女は急に，その針を手に突き通しました……ゆっくりと，そして正確に。まるで猫のようです。

づいて，MIT で導入されました。そのとき，少なからぬ人が，自分は人間よりもイライザによく理解された気がする，と主張しました。キャシィも，私たちの感情生活のよりよき理解を目指す探究で，信頼に足る助手になることでしょう。

　私がこういう未来を（それほど先のことではありませんが）示すと，脅威を感じる方が大勢おられます。頭を振り，「新世界なんて怖くないぞ」とかぶつぶつおっしゃいます（もちろんアドルス・ハクスレイ Adlous Huxley 自身がキャシィを一番に雇うかもしれないのですが，そのことはまた全く別のことです）。夢に出てくる存在がわれわれの友だちであり，私たちの人生を最も親密な立場から共有してくれているように，仮想世界の存在も，キャシィのように十分に洗練されたなら，同じような役割を担えるのではないでし

ょうか。サイバーネットワークの動きがまさに存在する理由は，夢見と仮想世界の間を緊密に結びつけることなのです。仮想現実に魂を吹き込むのは，イライザの最初の使用者の同類であり，転移によって人間のようなパートナーに活気を添えるのです。ついにはホビットが人間と助け合うような仮想的な「地球」(Middle Earth) が生まれることでしょう。私はこれが悪夢だとは思いません。何世紀もの間 homo faber，(道具を) 作る人と呼ばれてきた存在（人間）の意識の発達のために必要なものなのです。

第7章　苦悩と体現

エラノスでの講演
（アスコナ，スイス，2001年10月5日）

　ニューヨークとワシントン襲撃の翌日，2001年9月12日のことです。飛行機はすべて空から撤退するよう命じられ，地上に釘づけにされました。アメリカ合衆国の空は不気味にも空っぽです。ある女性は，空から飛行機が自分の上に落ちてくるのではないかと怖がっています。フライトがすべて中止されていることは伝えられています。空に飛行機はいません。このことは，友だちやニュースで繰り返し確認しました。それにもかかわらず，彼女は飛行機が自分のところに落ちてくるのではないかと空を見上げて怖がったのです。彼女には分かっているのです。彼女の全身全霊が怖がっていて，ずっとかがみ込んだままの姿勢に体が固まってしまった（embodied）のです。

　次の夢は，ボストンの別の女性のものです。彼女は40代で，ニューヨークで働いていましたが，9月11日の襲撃の時にはボストンにいました。彼女は，直接個人的に失ったものは何もありませんでした。夢は9月17日に生じて来たもので，9月18日にワークをしました。

夢　同僚と一緒に，ホテルか下宿屋を歩いている。誰かに会うことになっている。私たちは廊下にいて，その相手を探している。髪を短く剃り，陰険な感じの無精ひげを生やしたテロリストのように見える，6フィート7インチ（約1.98メ

ートル）もあるレスラーみたいな大きな男がいる。私は怖くなる。その男はまっすぐ私に向かって歩いてきて，ドンとぶつかって通り過ぎる。私はとても怯えていて，通り道の邪魔になってすみません……とぼそぼそと謝っている。その男は，もう少し小柄な男たちに追いかけられているが，彼らもテロリストである。そのテロリストが私にぶつかって，私は何かすられた，あるいは何か突き刺さされた感じがした。一連の出来事の中で，その瞬間が一番印象に残っている。実は，その男が私の着慣れたシャツのポケットに，変わった形をした何か錠剤のようなものを突っ込んでいた。怯えて目が覚める。

体で体験するドリームワーク（embodied dreamwork）の実践は，夢を見ている間夢見手がいる空間は，現実の覚醒している環境と同じだと確信している，という判断から始まります。体で体験するドリームワークは，夢の再生に注意深く焦点を当てることで，夢見手がこの環境に「再び入っていく」のを促進します。そしてその際，視覚，聴覚，嗅覚，味覚，触覚といった，できるだけ多くの感覚を動員します。こうして夢の再生に注意深く焦点を当てることで，夢見手は入眠時の意識状態に入ります。入眠時の状態というのは，覚醒と睡眠の間の状態のことで，少なくとも日に２回，眠りに落ちる時と目が覚める時に，短時間生じる意識状態です。哲学的に言えば，夢見手は，厳密には再び夢に入るわけではありません。夢はカントのいう物自体（Ding an sich）であり，覚醒，記憶，忘却，再生という経過を辿ります。それを再構成することはできません。それに，過ぎてしまったことはやり直せないものなのです。私が皆さんに，夢とは物自体であることについて説明していた先程のその瞬間に戻ることはできないのです。しかし，綿密に夢を思い出すと，夢見手にとって，それはあたかも彼／彼女がもう一度夢の中に戻っているかのように体験されるのです。再生している状態は，もはや永遠に失われてしまっている夢と対応しているのです。私は夢見手が夢の再生に焦点を当てるよう促して，その夢と対応する入眠時の状態に彼女を連れていきます。

この種のワークのもう一つの原則は，夢を見ている間には，明らかに幾つかの意識状態が同時に存在するということです。テロリストが体現する意識

状態は，縮こまっている夢見手のそれと異なっているのは明白です。私が発展させた方法によって，自分とは異なる登場人物の主体と極めて近い主体の状態に入っていくことができます。私はこれを「移行（transit）」と呼んでいますが，習慣的な視点とは異なる視点への移行です。私は基本的に，夢の中で出会う存在の実際の性質は知りません。彼らに出会うということだけを知っているのです。それが，現代主義のゲシュタルト療法の言うような私たちの一部であるのかどうかは分かりませんし，心霊主義者やアボリジニーの人々が主張するような霊(スピリット)であるのかどうかも分かりません。そして，精神分析のお決まりの反応である象徴的表象であるのか，ある科学者たちが言っているような脳の掃除の泡であるのかどうかも分かりません。私に分かるのは，何らかの出会いがあったということだけなのです。

　ドリームワークの概略について述べてみます。

1．第1段階として，夢見手を夢の環境，つまりテロリストとの出会いが起こった廊下へと連れ戻します。その場に彼女が身を置くよう手助けします。（それは広い廊下ですか，それとももっと狭いのでしょうか？　灯りはどんな感じですか？　その大きな男をはじめて見た時あなたはどこにいますか？　彼はどのくらい離れていましたか？）

2．第2段階として，夢見手の心理的・物質的な体験，つまりその出来事が起こっている間彼女の体はどんな感じなのか，に焦点を当てます。すると，彼女は恐怖で縮み上がり，しびれて無感覚になったその感じの中に，感じながら入っていきます。

3．第3段階としては，衝撃の瞬間の触覚に焦点を当てます。肩にドンとぶつかられて，身の縮む感じ，怯えながらの謝罪，激しい無力感。彼女には無力感が最悪と感じられます。むかむかして，少し吐き気がします。

4．第4段階は，ワークの最もデリケートな部分です。自分と異なる人物に同一化するからです。この背景にある理論の出発点となる視点は，テロリストのような夢の中の自分と異なる存在は，内的生活や主体をはっきりと目に見える形で示し

ているということです。この馴染みのない主体は，同一化によって体験できます。用いられるテクニックは，映画で使うスローモーションとストップモーション［訳注：映像が静止しているように見せるためのコマ止め］です。夢見手は夢の中の環境に焦点を当てると，テロリストが接近してくる時の段階ごとの情動や体の感覚を感じることで，彼が近づいてくる速度を落とすことができます。ある出来事を十分に体験すればするほど，ゆっくりと事が起こるように見えるものです。車の事故を起こした人々は，しばしば，衝突の前後，時間の流れがゆっくりになったと報告しています。時間がゆっくりと止まった，という多くの印象が記録されています。テロリストがぶつかった衝撃の瞬間の，時間が止まったような，多くのさまざまな感覚に焦点を当てます。例えば肩への追突，それが震える足にどのように伝わるのか，顔から流れ出る血。さて，われわれはその衝撃そのものに集中します。彼女はまるで氷のような冷たいエネルギーが自分の中に入り込んでくるかのように感じます。われわれはその衝撃から来る冷たさに集中します。その時すでに彼女はかなり怯えています。その冷たさは，彼から来ているようです。彼女に，テロリストと接触することによる冷たさを感じるように言います。彼女にその冷たさについていくように言います。彼には何か氷のように冷たいものがあるようです。何か思いやりが欠けている，と彼女は気づきます。凍りつくような冷たさに集中すればするほど，彼女はテロリストの，つまり恐怖を撒き散らす者の，体験の中に入ります。南極のようです，と彼女は言います。それがテロリストの存在の核の中にあります。それは，彼の中心から細くて丸い凍った鍾乳石のように下がっている氷の棒のようだと私は感じます。その周りに彼の熱い体があるのです。彼の筋肉は熱くて強い。彼の体全体はレスラーの強さを備えていて熱いのです。それは私が感じる弱さとは非常に異なります。私は彼女に，熱い筋肉の体に覆われた南極の棒の感覚の中に居続けるよう促します。

5．第5段階は最終段階で，私は彼女に熱い筋肉で覆われた氷の棒と同時に，自我が経験している，縮みこんだしびれた感覚を感じるように促します。今彼女は，夢の中で体現された，衰弱させるような恐怖と氷の力との両方を含む体全体の状態を感じることができます。少しすると彼女はこの体の状態から脱して，言います。「不思議だわ。どうしようもない感じが全部なくなってしまったみたい。何とかやれるような気がします」と。非常に着慣れたシャツのポケットに錠剤を入れられたというのは，伝達の瞬間だったと思います，とつけ加えます。彼女はこの戦いの中で用いる道具を手渡されたのです。彼女の声には力がこもっています。

第7章 苦悩と体現　*171*

　ここ数週間，われわれが目撃してきたあらゆる恐怖の後，長年接触のなかった人々が電話をしたり，Eメールを送ったり，あるいは，コミュニティの新たな感覚や喪の戦慄が生まれましたが，それ以外に，9月11日はこれまでアメリカ合衆国で理解されてきた心理療法の領域をも変えてしまいました。9.11以前ならば，不安はキサネックス，抗不安剤の処方を意味していましたが，今や不安は恐ろしい世界に対しての自然な反応のように思えます。以前ならば，抑うつは何か問題があることを意味していましたが，今では抑うつ的な現実の反映を示しているのかもしれません。当面，私的な苦しみの世界は世界の苦しみの反映であると理解されます。多分また変わるでしょうし，おそらくまた，この世界は本質的には保険がかけられる将来のある安全な場所なのだとうまくなだめられてそう信じるようになるでしょう。しかしながら，この確信は次のテロリストの攻撃が起こるまでしか続かないということをどこかで知っているのです。そのようなことはないよう祈るしかないのですが，テロリストの攻撃の問題はいつもわれわれの上に未解決のまま漂っているのです。

　世界はいつでも恐ろしい場所になりうるのだという認識を，アメリカも他の国々同様に持つようになりました。破壊はいたるところに潜んでいるのです。

　心理療法家として，われわれはテロリストと戦うための装備はできていません。その目的のために特に訓練されてきた方々に対しては，感謝します。しかしながら，恐怖そのものはわれわれの領域［心理療法の分野］の核心なのです。われわれの領域が生まれて以来，ずっと怖がっている人々とお会いしてきました。怖がっている女性たちが，フロイトに精神分析というアートを教えたのです。現実の，あるいはイメージの中での攻撃に苦しむ，脅かされている人々は，われわれのパンとバターなのです。恐怖というこの新しい時代において，われわれはその皿まで近づかなくてはなりません。

　抗精神薬が重要でなくなるというのではありませんが，われわれが今直面している恐怖は精神薬理学的な手法では解決できません。恐怖というのは，世界によってすっかり脅かされていることへの直接的な反応でもあり，それ

はもっともなことです。このことは，心理療法が生物学的精神医学の劣ったオマケというイメージのもとから脱しうるということを意味しているのです。心理療法家は苦悩する魂を扱うのであり，苦悩する魂というのは必ずしも病気ではないのです。治療法のない真の苦悩というものが存在することを，われわれは見てきたのです。崩れ落ちる超高層ビルから飛び降りる人々の姿を見る苦悩や，3,000度の熱の中で消えてなくなってしまった人々の血煙の立つニューヨーク市の苦悩を取り除いてくれる錠剤などないのです。

しかし，救済方法（remedy）は存在します。廊下にいるテロリストのドリームワークが示しているように，それらの救済は苦悩そのものの核心から生じているのです。

今日のわれわれの探求は，体現（embodiment）の神秘です。体現とは何でしょうか。私の患者の大部分は9月11日の出来事に直接巻き込まれてはいません。私は，恐怖を感じながらも，本能とは逆の方向に走っていった信じられない魂の持ち主である，ニューヨークの消防士とはワークしておりません。私の家族も友人も今回は大丈夫でした。それにもかかわらず，私がワークをしていた多くの人々は，不眠，疲労，免疫力の低下を示す風邪をひいたと報告しました。それらはテレビの映像の中で生きられた恐怖のイメージを体現しているのです。イメージは心の中ではなく，体の中に生きているということが，示されたのです。イメージは体を占領します，最も文字通りの定義においての占領です。イメージはわれわれの肉体的な存在を占領する力なのです。通常われわれは，この現象に気づいてはいません。なぜならわれわれは自己という単一のイメージ，つまりミスター／ミズ自我（エゴ）という船の船長にコントロールされているのですから。しかし，その力が自我よりも遥かに大きい時には，われわれは太古の現実を再び目の当たりにし，イメージという野性の世界がわれわれの肉体と魂にとりつくのです。ほどなく自我はあるべきところに戻るのですが，しばらくの間は，肢体切断と長らく呼ばれてきた状態，四方八方に四肢が吹っ飛んでしまう状態になるのです。そして，自我が切断されている間，われわれは余りにも深淵で恐ろしい世界を垣間見るので，それは，神の顔に違いないとルドルフ・オットー Rudolf

Otto は理解したのです。彼はこの顔を Mysterium Tremendum（戦慄すべき秘儀）と呼んでいますが，これは文字通り神秘的な恐怖の戦慄のことです。われわれを 慄 (おのの) かせ，恐怖で顔を 背 (そむ) けさせる戦慄は，存在の目に見えない厳しい試練なのです。

　Tremendum（戦慄すべきもの）に直面すると，体は強張 (こわば) り，心臓はドキンドキンと打ち，頭は麻痺してしまいます。カプチーノのような現実の，マシュマロのようなイメージは散乱し，死が明瞭になります。

　Mysterium Tremendum（戦慄すべき秘儀）が，いったんそのデスマスクをテレビで見せてしまったら，心理療法は，それと向き合うのにどのように役立つのでしょうか。

　今日の話を，私はまず悪夢を体現していく治療から始めました。今のところあちこちに話が飛んでいますが，後半では，命を脅かす病気，特に癌のドリームワークの治療についてお話しするつもりです。そして最後は錬金術の論文で締めくくろうと思っています。毒から救済（remedy），チンキと呼ばれる治療薬を作り出すプロセスに光を当ててくれることを期待します。これは陰うつな道筋のように聞こえるかもしれませんが，実際そうなのです。しかし今は優しい神々の時代ではないのです。『聖なるもの』という著書の中でオットーが述べるように，戦慄すべき秘儀の中心をなすのは，彼がヌミノースと呼ぶ神聖なものなのです。思い出されたかもしれませんが，神聖な，という言葉（numinous）は「頷く，うとうとする」という意味のラテン語 numen に由来しています。Tremendum（戦慄すべきもの）と向き合う中，われわれは永遠という閃光，何か神秘的な光で，われわれの陰うつを埋める頷き（nod）を見出すかもしれません。

　さてそれでは，悪夢に話を戻しましょう。悪夢はわれわれのところにしつこく現われてくるのですから。

　衝撃時の覚醒悪夢は，グランド・ゼロで，あるいはテレビを見ていて，体で（physically）体験されます。眠りの中で，同じものの繰り返しが続きます。フロイトは世界大戦の時に，初めてこの繰り返し強迫を見たと述べまし

た。それから少しすると私たちの悪夢は変わります。

　私は 30 年もの間，夢の仕事をして生計を立ててきました。9 月 11 日を体験した今，その後の夜に何が起こるのか予知してみたいと思います。

　悪夢が繰り返されるという第一段階では，ニューヨークはまだその段階にいるのですが，強烈な影響を受けた夢見手たちは，テレビの映像や直接の体験を悪夢の中で繰り返します。それらは数週間あるいは時にはそれ以上続く悪夢です。それらは，トラウマによって私たちの魂が傷つけられたことで生じる悪夢という特殊な種類の悪夢です。録音されたものが終わることなく繰り返されるようなものです。これらの繰り返される悪夢は，話し合えるだけで本当の意味でのワークはできません。夢見手が，励まされ，守られ，支えられ，優しくされた状態で，それらの悪夢を証言することができます。この段階にはしばしば極度の解離を伴います。つまり，見てしまったその出来事の衝撃を感じることができないのです。それらの悪夢の良い聴き方は，もしその人たちが話をしたがればですが，まず安全なのだという相対的な感覚を作り出すことです。私は，その人を，彼らの生活の中で自分が安全だと感じられる場所に行かせることによってこれをやります。私は，その場所を視覚化し，イメージの中でそこに入るように言います。こうすることで体は落ち着き，息は深くなります。そうしてから初めて，その人が繰り返し見る悪夢を話すように言います。

　ニューヨークにある ABC ニュースが，われわれの夢研究協会に，悪夢についての番組を作りたいと依頼をしてきましたが，延期しなくてはなりませんでした。なぜなら，ニューヨーク市で報告された夢はすべて，昼間の出来事が，寝ている状態でそのまま繰り返されているものばかりだったからです。たとえば人が焼けているとか，高層ビルが爆発しているとか，あちこちで凄まじい音を立てているといったように。そのような悪夢についての番組は，視聴者のトラウマを再発するだけだ，ということで意見が一致しました。2，3 週間して，悪夢の第二段階が広がるようになってくればその番組を作るかもしれません。私の予測では，次の段階のピークは感謝祭［訳注：11 月の第 4 木曜日］あたりに来て，クリスマスまでずっとそのままで，春には次第

に減っていくと思います。新たに恐ろしい出来事がトラウマを再活性化しなければの話ですけれど。

　第二段階，**消化を助ける悪夢**は，はるかに大きな治癒への介入の機会を提供してくれます。これらの悪夢は，それほど影響を受けていない人々にはその事件の直後から，あるいは直接影響を受けた人には少し時間が経ってから生じてきます。この場合，悪夢はもはや単に外傷的な出来事（ビルの爆発とか窓から落ちる人々とか）を反復する再現ではなくて，その出来事は，象徴化によって消化されるべき生の素材となります。具体的な出来事をメタファーに変えて習慣的な体験と結びつけるという象徴化の能力は，恐怖を既知のものに統合するプロセスの始まりです。それらの悪夢は，連想によって以前の外傷的な体験に引きずり込むものかもしれませんし，身の毛のよだつものかもしれませんが，それでもまだ馴染みのあるものなのです。このようにして，恐怖をもたらす知られざるものは，馴染みのあるものになっていくのです。既知のトラウマは，未知のトラウマの中に織り込まれていきます。類似性があるからそのようになるのです。それはあたかも魂が歓迎している新しいトラウマは，非常に類似したトラウマ的側面を持っているので，新しいものでも吸収できるかのようです。そのような夢についてワークすれば，実際癒しのプロセスは高まるでしょう。「廊下のテロリストの夢」についてのワークは，消化を助ける悪夢とはどのようなものであるか，そして，そのような夢をどのようにワークするかを示しています。

　廊下のテロリストの夢のワークの中でのそれぞれの体験は，特殊な体現の段階を通り抜けたということを思い出されるかもしれません。崩れていく世界貿易センターを繰り返し見ている間にわれわれが陥る情動の状態は，まずは体の段階です。イメージは，精神的な側面と肉体的な側面とを持ちますが，それは体現された状態にある，肉体と精神の間の存在といえます。魂は常に霊（スピリット）と物質的な肉体との間に存在するリアリティとして記述されてきました。霊（スピリット）という永遠の存在——例えば戦慄すべき秘儀，いつでも誰をも，婉曲的に「神への畏れ」と呼ばれる，言葉にはならない恐怖で充たし，永遠にあらゆる人間あらゆる時に姿を現すもの——と，時間的，物質的な肉体，恐

怖の体験を生きる時に実際に速く打ち始める心臓との間に存在するリアリティとして。

　ウィリアム・ジェイムズ William James が講義していた1884年のハーヴァード大学まで戻りましょう。彼は，その年の 'Mind' という哲学雑誌に発表された「情動とは何か」という論文の元となる講義をしていたかもしれません。ジェイムズ教授が次のような問題を提示していますが，その間の自分の体に注意を払ってみてください。

　　あなたは森の中を歩いています。突然熊が現われます！　あなたは怖いから走るのですか，それとも走るから怖いのですか。これは謎かけではありません。なぞなぞのように答えを探そうとしないで下さい。怖いから走るのか，走るから怖いのか。私ならばすぐに，熊が怖くて走ったと答えるでしょう。ジェイムズ教授ならその答えをとても喜んだと思います。私の間違いの理由を説明できますから。彼は次のように述べるでしょう。「情動については，ある事実を心的に知覚することが，情動と呼ばれる心的な感情を興奮させ，後者のこの心の状態が体の表現を生じさせるというのが自然な考えとされています。それに対する私の仮説は，体の変化は興奮させる事実の知覚に直接続いて起こり，それが生じるときの同じ変化の感情が情動なのです」と。

　このことから私は走るから怖いのだと結論づけるかもしれません。ウィリアム・ジェイムズによれば，情動は体現（されたもの）の認知です。ジェイムズの熊に直面する時，逃亡という体現された状態は逃げるという反応の認知よりも先に生じます。われわれが逃げる前にまず恐ろしいと感じなければならないなら，熊は5つ星の夕食にありつくでしょう。逃げるという状態は即座のものであり，恐怖といわれる情動は逃げるという反応を認知したものです。

　現代の学問を見るならば，同じような考えが別の言葉で表現されています。今日では教授は，熊に出会うと視覚皮質と扁桃体という脳の異なる二つの部分が活性化される，と言うでしょう。脳の断面を想像してみてください。頭蓋骨のてっぺんから切り下ろし，目玉焼きのような形にすると，黄身の周辺

部，6時方向の海馬の隣の8時方向に，アーモンド形をした扁桃体があります。視覚皮質が目からの情報を処理する前に，扁桃体が，警告信号をシステムに送り，逃げるという心理的・物質的な状態が賦活されるのです，と彼は言うでしょう。もしあなたが十分に速く逃げられずに，熊が（あなたを）酷い目にあわせたらならば，あなたは二つのチャンネルを通して外傷的な出来事を記憶することになります。海馬は，例えば，森の中を歩いている，その日の時間といった出来事の感覚の状況を知らせてくれるでしょうし，他方扁桃体は「その他の体と脳反応としては，筋肉を緊張させ，血圧と心拍数を変え，ホルモンを出す」でしょう（"*The Emotional Brain*", Joseph LeDoux, 1996, p.202）。同時に体験されたそれら二種類の記憶は，体現された状態と呼ばれるかもしれません。体現された状態は，物質的（physical，身体的）な世界から，あるいは真のイマジネーションから生じてきているのかもしれません。

　熊に戻りますが，今度は21世紀の，インターネットのテレビ会議ソフトで人々が集う場に行って，www.cyberdreamwork.com で一緒に夢のワークをしましょう。南アフリカ，北アメリカ，日本そしてオーストラリアからの同時に8人のメンバーからなる夢のグループです。夢見手はメーン州出身の病院勤務の心理療法家です。

> **夢** 病院で，自分が働いている病棟の開放的な生活空間にいる。突然，熊が廊下を大きな音を立てながらナースステーションに向かってやってくるのが見える。熊が近づいてくるのを見ていると，私の傍を走り過ぎ，開いている扉を通り抜けて姿を消し，病棟からはいなくなり，階段を下りて行く。

　実践的なドリームワークの基本原則として言えることは，夢見の間，夢見手は，夢を時空間の中の出来事として，彼／彼女の周囲の生きている環境として，あらゆる側面から体験している，ということです。経験的に，夢見手は周囲の媒体に十分沈んでいます。以前述べたように，ドリームワークというのは，この媒体を直接扱ってワークするイメージの経験的な実践なのですが，それをするために夢見手は覚醒時の意識を維持しながらできるだけ眠り

に近い意識の状態に入らねばなりません。これは，入眠時状態と呼ばれており，覚醒と睡眠の間の綱渡りのような状態です。落ちてしまえば眠ってしまうし，覚醒しすぎると，環境は消えてしまいます。入眠時状態では，われわれはイメージによって作り出された周囲の媒体の中に直接参加し，同時に覚醒した意識は活性化されたままです。入眠時状態では，夢の記憶はとても鮮明になるので，もともとの夢と似た夢のような環境になります。これを成し遂げるために，夢見手に夢の詳細に焦点を当てるよう手伝います。このようにして'熊の夢見手'は，自分は白くて長い廊下にいて，病院の正面に面した窓があることを思い出します。昼間なのですが，廊下は建物の蛍光灯で照らされています。夢見手は廊下の端にいて，階段と開いている扉に背を向けて立っている様子を思い出します。この焦点を当てた再生の中で夢見の環境が再構築されるのです。彼は自らが準物質的な環境，そうではないとは知りつつも，物質的に見える実際の場所にいるように感じています。（夢見手は二重の意識状態の中にいます——同時に二つの状態を意識している——実際に夢を見ている間の通常の単一意識の知覚とは区別される，夢の環境を純粋に物質的なものとして体験している時の意識があります。）ドリームグループは夢見手にさまざまの質問をし，しばらくすると熊に気づいたのは背後で音を聞いた時だ，と彼は言います。彼は振り向き，熊が廊下を猛スピードで突進しているのを見ます。

廊下にいるテロリストの夢で覚えておられるかもしれませんが，実践的なドリームワークのもう一つの原則は，夢の中の自分以外の主体的な意識の中に入る可能性を受け入れることです。自分以外の登場人物とは，夢見手が他者として体験する夢の中のあらゆる要素のことです。この場合，夢見手は廊下の心理療法家を自己と見ており，熊（そして周りのそれ以外のすべて）を他者として見ているのです。他者の中へ入ることは「内的な模倣」と呼ばれる模倣の能力を使うプロセスを通して行われています。狩猟に出る前にカンガルーダンスをするオーストラリアのアボリジニーは，「カンガルーを捕まえるにはカンガルー以上にカンガルーらしくならねばならない，さもないとカンガルーを捕まえられないから」と言います。カンガルーのあらゆる動き

を踊ることで，狩猟者はカンガルーという存在の主体的な状態に入るのです。彼らは，アルバート・アインシュタインが筋肉の想像［活動］と呼ぶ実践を，ダンスとしてやっているのです。神経科医で神経科学者であるアントニオ・ダマシオ Antonio Damasio が，彼の著書『無意識の脳　自己意識の脳』（講談社，p.318）の中で，「メンタル問題解決でアインシュタインが用いた体性感覚（身体感覚）の想像のことを，彼は『筋肉の』想像［活動］と呼んだ」と述べています。これと同じ筋肉のやり方でまるで憑かれたかのように他者（夢の中の自分以外の登場人物）に成ることで，他者の視点が入りうるのです。熊の夢見手が夢を見ている間，熊は実体ある生き物として現われ，音を立て，夢見手のあらゆる感覚を引き込みます。夢の中の熊は真の想像活動の一例です。熊には実体があり，生命があり，直に感覚に呼びかけてきます。

　この時点で内的な模倣のプロセス——一種の内的熊筋肉ダンスですが——を始めることになります。しかし，ここでドリームグループのメンバーの一人が誤りを犯します。彼女は「熊はどのように感じているのでしょう」と尋ねます。彼女はせっかちに筋肉の模倣のプロセスを無視して，熊の体験に直接行こうとします。これは，夢見手に熊がどのように感じうるかを推測に基づいて考えさせてしまいます。この推測に基づいた行動は決して体を伴ったものにはなりえず，つねに幻影（phantasm）へと至らせるのです。彼は「熊はとても好奇心が強い。周りのすべての人々を見ています。私に好奇心を持っています。私を見ます。どこにいるのか不思議そうです。とても好奇心が強そう」と言います。これは考え出されたものであって，体現された本物のイメージではありません。そこには感覚を呼び覚ます必要はなく，ただ熊とはどのようなものかという推測に基づく考えがあるだけです。彼の声は説明的なままで，この熊の強そうな存在にひきつけられる道筋はありません。彼は熊について考えようとしているのであって，そのためには一定の距離が必要です。本当に熊と同一化するには，夢見手はそれに捕まらなければなりません。そうなると熊は，十分に主観的な熊体験が達成されるまで意識の中に引き寄せる渦になるのです。それゆえに私はそのプロセスを止めます。夢見手が熊について考えようとすればするほど，実際の熊の存在を失ってしま

うのです。

　私は，夢見手が，初めて熊が彼に向かって廊下を大きな音を立てながら走っていくのを見た時に再び焦点を当てるようにします。この時点で，私は一コマ一コマずつ見ていくよう速度を落とします。想像の速度を落とすことによって，根底にある体の感覚が表面に浮かび上がってくるのです。われわれは夢見手が体性感覚（身体感覚）的な体験に焦点を当てるのを手伝います。

　彼は熊の筋肉のついた脚，どのように頭を支えているのか，その眼差しを見ることができます。彼は，この大きな動物の一押しの中に体現された力を感じることができます。熊の息遣いがはっきりとしてきて，その体の中の熊のありようを感じます。そしてそれから突然，前触れもなく夢見手は自己意識すべてを解き放ち，その熊の中に吸い込まれます。この熊という実体にまるで憑かれたかのように，夢見手は今や熊の目を通して世界と出会います。彼は腹の底から，熊は廊下の端の開いている扉しか見ていないということを知っています。その熊が欲しているのはただ外に出たいということだけなのです。熊は廊下にいる人間には気づいていません。その注意は開いている扉だけに注がれているのです。夢見手が感じるや否や，凄い力で，熊は建物から外に出るために扉に向かって身を投げかけたのです，外へ，外へと。

　熊との同一化が終わり，夢見手が習慣的な意識（われわれが「自我」と呼ぶ状態）に戻った後も，熊が幻想であった時と，熊が十分にそのすべての筋肉に体現された時とでは大きな違いがあるということを十分に自覚しています。前者は，物事がどんな感じかについて，体を持たない好奇心のように感じられ，後者の体験は，鮮明に体現された意識状態のそれなのです。熊の魂にのっとられている間は，意識は廊下の端の開いた扉の存在のみにもっぱら狭められていました。彼は，絶対この場所から出るという強烈な本能的な感情を体験しました。夢見手は熊に掴まれ，コントロールを失い，完全に動物のようになりました。この時点で，夢見手は見知らぬ自分以外の非－自我の力に完全に浸り，コントロールされているのです。馴染みのない意識が一瞬の間体を持ったのです。

　この体現されたイマジネーションのことを1000年前の錬金術師は真のイ

マジネーションと呼び，幻影とは区別をしました。幻影は血の通わない推測のようなものであるのに対し，体現されたイメージは体全体にとりつき，体の状態を，アインシュタインが言っている，まったく腹の底からの筋肉的なものにするのです。

　この違いを心に留めて，最後の部分，つまり体の病気に苦しむ人々とのドリームワークに進みましょう。

　この部分は事例提示というわれわれの領域に特異な文学のジャンルから成っていますが，それに続いて体現の神秘を錬金術的に理解してみたいと思います（第4章の「Aさんの事例」〈pp.124-128〉を参照）。
　この体のドリームワークは，体の病気を患う患者の援助に焦点を当てるもので，ちょうど古代の夢のインキュベーションと似ています。西洋文化で初めてドリームワークが始まった時，それは体の病気を治療するために実践されたということを覚えておかねばなりません。古代の癒しの神アスクレピオスの神殿に来る患者は，肉体も魂も癒されるために訪れたのであって，今日われわれが夢を用いるような心の問題のためだけではなかったのです。
　ここで述べる実践は，通常，効果が約3週間持続することがわかりましたが，それ以後は強化する必要があります。初めの夢のワークを繰り返すか，あるいはその後で見た夢をワークするかのいずれかで行います。Aさんは上述の夢とその後に見た夢から工夫して作り出した実践を3月から使ってきましたが，そこには色のテーマが繰り返されていました。
　濱田先生は，一緒に継続中のドリームグループでそのワークを続けているのですが，Aさんとの次の大きなドリームワーク・セッションについて，以下のレポートを送ってきてくれました。

> **夢**　田舎にある鉄道の駅のプラットフォームの上に立っている。汽車を待っている。花嫁と花婿，そして人々の集団が到着する。彼らは結婚式に出席したようで，近くの町で披露宴をするようだ。汽車が到着する。（Aさんは到着のシーンについては報告していません。）私は車両に乗り込み，新婚のカップルが，私の左側の真ん中の座席に，隣り合わせに座っているのが見える。私は彼らのすぐ側に

立っている（彼らは私の右側に座っている）。二人ともブロケード（金襴）のような素材でできた青と緑の綺麗な装い。男性の声が「万に一（あるいは五万に一）くらいの珍しい癌細胞だ」と言う。恐ろしくなる。

ドリームワークのプロセス：

1．田舎の駅と人々の環境を感じるところから始める。
2．カップルの雰囲気を感じる。花婿が自分の肩を支えている具合から感じていることを感じる。彼は，肩に，大人の成員の一人として社会に対しての責任感を抱いていた。
3．花嫁への気持ちを感じる。彼にとっては，彼女は誠実で暖かい女性。
4．花嫁の花婿に対する気持ちを感じる。（濱田先生の記憶はここでぼんやりする。「信頼と誠実」といったような言葉を覚えている。）
5．花嫁の装いの色を見る。その色とともに浮かび上がる感じを意識するようにする。Aさんは，体に揺れるような動きが入ってくるのを感じ始める。色と動きに集中していると，色は青緑から黄色になる。黄色は太陽光線の色。
6．色の暖かさが血行を活力に満ちたものにする。
7．今度は，彼女はぎょっとするような声を聞く。彼女は太陽光線の色を覚えていて（そしておそらく揺れるような動きも。しかし濱田先生はそれについてはもはや確信がない），血液循環の感覚が戻り，また暖かさを体験し涙が溢れる。（濱田先生の報告終わり。）

　この講演の最後に，私はAさんとのワークと，錬金術の論文，おそらく13世紀の論文，とを比べたいと思います。テクストは De Veritatis Investigatione,『真実の研究について』という，偉大なる錬金術師ゲベル・ラティナス Geber Latinus の著です。私が言及しようとしているのは，『哲学者の薔薇園』の1550年の初版14～17ページにあります。この箇所でゲベルはチンキ，染色液を作ることについて報告しており，それは錬金術過程の最終段階です。染色液が現れてきたことで薬は完成します。いまやその薬は，それを必要としている体の中に注入され，癒しをもたらすのです。ゲベルによれば究極の染色液，最終のチンキは，鮮やかな情熱的な太陽の光の黄色であり，それが注入された体に太陽の輝きを与えます。それは太陽化（Solificatio）と呼ば

れています。Aさんを思い出してください。「色と動きに集中していると，色は青緑から黄色になり，それは太陽光線の色です。色の暖かさが血液の循環に活力を与えてくれます」

　ゲベルについて続ける前に，私たちが日本で行ったドリームワークを少し説明したいと思います。それも同様に乳癌を患う女性です。夢は一文からなっていて，「千に一」と声が言います。千に一に焦点を合わせるよう手伝うと，彼女は極度に貴重な感じ，際立った洗練（精錬）を体験します。彼女は，ホメオパシー医（同種療法医［訳注：同種療法とは健康体に与えるとその病気に似た症状を起こす薬品を患者に少量与えて治療する方法］）のところに行ったことを思い出し，その人は1,000倍も効力を増すという治療薬を処方してくれました。ホメオパシーでは——錬金術もホメオパシーのアートだったということを覚えておかねばならないのですが——薬は薄めれば薄めるほどその効力は増大し，錬金術の用語で言えば，精錬すればするほどそうなのです。精錬すれば，より貴重で，微細（サトル）なものになるのです。患者が「千に一」の微細（サトル）な貴重さを感じると，彼女の体の中が循環を始め，これはAさんが体験したものと非常に似ています。私がこのことを申し上げているのは，たとえAさんが癌の希少性を恐ろしい側面であると理解していても，Aさんの夢の声を見る視点として，「万に一」の細胞，癌の希薄化が強度に増強されたという見方もあるからです。

　ゲベルは素材が薬になるために持たねばならない性質について述べています。まず，それ自体の中に最も微細な土を持っている必要があります。完全に精錬されても，素材は根源では決して潤いを失ってはならず，決して乾いてはいけないと主張しています。その最も微細な形態においてさえも，その生命力，有機的に構造を与える原理を持ち続けているのです。絶え間なくこすられ，何度も溶かされて，ほとんど見えないくらいまで微細になっても，それは決して不活性にはならないのです。細胞が，すべてを剥ぎ取られてもまだそのDNAを保持しているように，それは，その有機的な情報を伝達するのです。「千に一」というのは，比喩的にいえばそのDNAであり，根源を組織する原理，錬金術師はそのことを 'radicalis humore'，根源的湿気と

呼んでいます。

　この根源的湿気，完全な精錬と微細な状態での有機化の原理は，素材の隅から隅まで，素材が全く均質になるように均等に行き渡っていなければなりません。この均質で微細な物体は，まだ燃えやすいあらゆるものから浄化されます。有機化の原理の純粋な形態——この 'DNA'，この根源的湿気——に本質的ではないあらゆるものは，燃え尽きて，本質が残り，溶けて完全な流れとなります。この浄化された，創造的なエッセンスは，微細な種子のようなもので，もはや燃焼に対して無防備ではなく，完全に流れ，今や体の中に染み込もうとしているのです。それは光り輝く色，白ないしは赤から成り，とても微細かつ強靭なので体の隅々にまで染み込み，結びつき，自身の精（スピリット）の中に体を再編成するのです。体全体が薬になるのです。この，体中に薬が行き渡ることが，循環として体験され（Aさんや乳癌の夢見手を思い出してください），それによって均質な薬が体中を流れるのです。ゲベルは，薬は油性で，体を開き，あらゆる妨害をすり抜け，体を完全に受容できるようにする，と述べています。即座に働く，と彼は言います。一度システムの中を循環すれば，体全体を太陽の光に変えるのです。薬，精錬された素材の根源に見られる有機化の原理は，それが投与される体と類似するものでなくてはなりません。とても近くなくてはならないのです。それは，病気によって生じるイメージから癌の治療薬を作る作り方なのです。夢は癌の微細な形であり，同様にして悪夢はトラウマの微細な形なのです。肉体の世界と夢の世界は兄弟であり，姉妹なのです。トラウマの同胞，つまりその悪夢をワークすることによってのみ，体がばらばらに切断された後もう一度有機化できるような薬を作りうるのです。切断は，癌によってあるいは飛行機がビルに衝突することで引き起こされるかもしれないのです。その原因が何であろうと，反応は混沌としていて，その混沌を有機化する原理は，それ自体の最も洗練された状態の中に見出されるのです。悪夢からトラウマの治療薬は作られうるし，癌の夢の「万に一の癌細胞」から，病気の治療薬は作られうるのです。薬のもう一つの側面は，定着力があるという性質です。それがいったん体をそれ自身の有機化する精（スピリット）へと変容させると，以前の混沌とした状態へと逆

戻りすることはありません。体のドリームワークでは，この定着力は実践を持続的に繰り返すことで強化され，ついには条件反射になり，均質化された薬の流れの循環が永久に流れるのです。そして最後に，ゲベルは，薬の流れは黄金の光，チンキの流れであり，それが体を真の黄金，貴重なもの，癒されるものに変えるといいます。これが太陽化（Solificatio）です。Aさんも同意してくれるでしょう。

　体現的ドリームワークは，毒から治療薬を作り出す道具を与えてくれます。われわれはトラウマの悪夢の中に予期せぬ新しい回復力を見出すことができるのです。病気の夢の中に，体の再有機化を見出すことができるのです。夢は物質的な世界のサトルボディなのです。その中に，恐怖を耐え抜くことのできる体を見出すことができるのです。アメリカ合衆国ではいまだわれわれはショックの状態にいます。われわれの最悪の悪夢はテレビで生じて，われわれの体は恐怖と破壊のために世界貿易センターのように歪んでしまっているのです。夢に対するわれわれの態度は，変わるべきです。夢を，体現された状態と見るべきで，それは，世界が体を貫き，飛行機がわれわれの魂を焼いた結果に由来するものです。夢が存在する世界は，心と体が，その両者でありながら，それでも互いに異なるような体験へと混ぜ合わされたような世界です。9月11日がわれわれに残した身震いするような直接的な体験は，体現された魂の力の体験です。この体現された魂は次の戦争，つまり恐怖に対する戦いの戦場なのです。旅客機が頭上を飛ぶのを聞くとわれわれの体はかがんでしまい，化学生物兵器への脅威の可能性を思い出しては筋肉が強張ります。小学校の子どもたちは，スーツケースの中の核兵器が半径10マイルにあるあらゆるものを破壊すると盛んに話しています。朝食も怖いです。魂が新しい戦場だということが怖いのです。それがわれわれを戦慄させるのは，戦慄すべき神秘との直面の中でわれわれの体の中に現れるからです。

　心理療法家として，われわれは体現された恐怖から治療薬を作る使命があります。ドリームワーカーとしてわれわれは，外傷的な悪夢が循環する手助けをして，それが「DNA」を解き放ち，あまりの恐怖にばらばらになった

社会の体を再編成することができればと思います。

文献

Damasio, A. (1999) The Feeling of What Happens. Harcourt.（田中三彦訳（2003）無意識の脳 自己意識の脳．講談社, p.318.）

LeDoux, J. (1996) The Emotional Brain. Simon & Schuster, p.202.（松本元，川村光毅ほか訳（2003）エモーショナル・ブレイン．東京大学出版会．）

第8章 トラウマを代謝する
生態系としての体現的想像

　このシンポジウムは夢と身体についてということですが，厳密にいえば，夢についての話ではありません。今日のお話は，トラウマと体現についてです。トラウマが体の中でどのように生きているかをお話しし，それを変えていく方法として，フラッシュバックに由来する体現的イメージをワークすることについてお話しします。それは夢に対して行うワークと同じです。体現的イメージの定義は，われわれを取り囲む環境，想像された準物理的な環境で，気がつくとその中にいて，自明でリアルなものとして現れると同時に，基本的な生理学的プロセスを生み出すものでもあります。
　私は夢を体現的想像の第一の範例と考えます。夢を見ている間，ふと気がつくと準物理的な環境の中にいて，それに完全に取り囲まれるからです。この環境は現実世界と同じように現れるので，目が覚めていると思うほどです。
　夢見の環境は一つの生態系，エコシステムとして現れ，それぞれの要素が相互に連関して，あらゆる力が相互作用を常に受ける状態にあります。一つの要素の変化は，生態系全体に変化をもたらします。夢をこのように生態系としてみる見方は，トラウマの治療にも容易に拡大できます。皆さんにこれからお示しするケースが，この観点をよく示してくれます。

「もし俺を置いて行くなら，お前を殺してやる。居場所を必ず見つけ出して殺してやる。お前を殺すためなら，どんな手でも使ってやる。方法はいくらでもある」

Cは力に訴えるタイプで，ブライトン・ビーチのロシア・マフィア——それは世界で最も力のある暴徒の一つですが——と繋がりがあります。その言葉は単なる脅しではなく，実行可能なことでした。Bにこのことがわかったのは，彼女が故郷モスクワから旅行用のビザでアメリカに来た後のことで，短い恋愛の後，結婚し即席の滞在許可を得た後のこと，子どもが生まれた後のことでした。

彼女はCを死ぬほど恐れていました。最初，ウォッカを際限なく飲み続けて暴れ，Dが生まれた後は，泥酔いのまま赤ちゃんを落としたときも，一度食事を一緒にした殺し屋を殴り倒したことを自慢するのでした。その男はその後姿を消してしまったと。Cは空脅しをするだけの人物ではなかったのです。暴力に関する限り，自分の言葉を十分守る人物だったのです。バスでカリフォルニアへと逃走を企てたときも，ひそかに隠していたお金が見つかってその意図がばれてしまいました。その時に，彼が先ほどの言葉を言ったのです。その瞬間，彼女は恐怖に凄まじいほど圧倒されて息もできなくなりました。それから数年後，彼女は何とかして逃れることができました。静かな町の小さなアパートに引っ越したのですが，2週後にCが通りの向こうに引っ越してきて，露骨に歯を剥いています。当時まだDは幼かったのですが，今彼は18歳となり，BはいまだPTSDのさまざまな症状に悩んでいます。彼女は何とか殺されずにCと離婚しましたが，彼のことを恐れていました。彼はまだ向かいの町に住んでいましたから。

彼女は私が定期的に行っているセミナーに参加しました。以前一度彼女は参加したことがあり，その時は，夢による体現的想像のワークという私の方法に対して，肯定的な体験を持っていました。今回，私は体現的想像とトラウマとの関係を説明していました。

ここ数年の間に，私はトラウマをワークする二つの異なる方法を開発し，

いずれもきわめて有効であることがわかりました。

　一つは，ここでは詳しく述べませんが，トラウマ記憶の中で観点を変えることによるワークです。体現的ドリームワークで開発された同一化のテクニックを用いて，出来事を，自分以外の観点から体験することが可能となり，環境における自分以外のものに同一化することができるのです。たとえば，交通事故で重傷を負った女性は，凍った路面で滑ってスピンしながら木々の中に突っ込みましたが，彼女は木々の存在に同一化することができて，その事故を木々の観点から体験し，そうすることで視点が180度変わりました。木が体験する主体となり，車が近づいてくるのを感じ，しなやかに曲がる枝と車のもつれを体験して，衝撃を吸収しました。これは，トラウマの体験を完全に変えてしまい，多くのPTSDの症状は消えていきます。

　もう一つの方法は，こちらを詳しく述べようと思いますが，アーネスト・ハルトマン Ernest Hartmann という，偉大な精神科医，精神分析家にして夢の実験研究者の業績に基づくもので，彼は，夢見の自然な働きの一つに，新しい体験を，より大きな心理学的システムの組織に統合することがあると発見しました。彼はこのことを，次のような方法で示しました。トラウマ後の夢は，健康な人（PTSDを発症していない人）の場合，文字通りのトラウマ的な出来事を徐々に変えていきます。彼は，これを，PTSDを発症した人の夢と比較しました。彼はこう言います，「夢は，たとえトラウマの数日後に見られた場合でもトラウマを含んでいるものの，何がしかの歪曲や変化を被り，夢見手の人生の他の部分に由来する素材が持ち込まれる。……［これは］PTSDのケースとは［対照的で］，PTSDの場合は，トラウマを扱っている夢がそのまま反復する」("*Dreams and Nightmares*", 2001)。彼は，自分の父の戦争体験を記述しているドリス・レッシング Doris Lessing (p.121)を引用しています。「しかし彼の戦争体験は凍てついて，同じ話を何度も何度も同じ言葉と身振りで，型にはまったように話しました」。ハルトマンの主張によれば，健康な人たちの夢では，トラウマが心全体の織物という「文脈の中に入れられ」(p.28)て，それまではトラウマによって引き裂かれていた意識の網が織り上げられます。PTSDの人たちの場合，トラウマが，型

にはまって凍てついてしまいます。このように，健康な人とそうでない人のトラウマに対する反応の違いは，想像的な歪曲あるいは変形にあり，それはトラウマ事象の直後から始まるものです。これは，ハルトマンが，何千ものトラウマ後の夢の広範な研究に基づいて主張していることです。私はこの歪曲を，想像力による代謝のワークと理解します。それが現実味を持って働き始めると，それが消化可能なものになります。この想像的な歪曲の実演は，生体には消化困難な塊を代謝します。この理解に導かれて，私は，トラウマ後の夢をワークする時に，意識に記憶されているような現実の出来事とは異なる夢見の要素に注意を集中することにしました。これによってほとんどいつも臨床的な改善がもたらされました。そこから，私は，何も夢を待つ必要はなく，人工的なフラッシュバックに導くことで同じ効果が得られると結論するに至りました。

　自発的なフラッシュバックはトラウマの環境が突然再構成される瞬間であり，経験的には，トラウマを受けた人は，トラウマのまさにその環境に戻ります。退役軍人が突然，塹壕の中に戻って，臭いがし，音が聞こえてきて，近くで爆発が起こったかのような大地の揺れを感じ，体は生理的な恐怖を味わった最初の状態になります。冒頭に述べた一般的な定義によると，彼は，ふと気がつくと体現的イメージの中に取り込まれているといえます。

　これに対して，人工的なフラッシュバックでは，トラウマの環境を注意深くもう一度思い出して，それが再度十分存在するところまでやります。人工的なフラッシュバックはゆっくりと構成されるので，トラウマを受けた人は，自分がフラッシュバックの中にいると知っており，こうして，二重の意識の状態がもたらされます。一方では，トラウマ的な状況の前に完全に存在していて，トラウマ状況が自分を完全に取り囲んでいると同時に，もう一方では，自分が人工的にこの状況を生み出していると認識していて，治療者と部屋の中で安全に座っているとわかっています。

　フラッシュバックは，人工的なものであれ，自発的なものであれ，夢と共通する部分がかなりあります。いずれも，即座に出現して，準物理的で，直接経験される体現的な環境です。このように，フラッシュバックのワークは

夢のワークと極めて似ています。
　私がこう説明している間に，Bは「肩に糸のように細く光る稲妻のような一撃」を体験していたようです。（彼女は，これを，その出来事の数週後に，Eメールで報告してくれます。）私がこの人工的なフラッシュバックの方法を示すためにボランティアを募って，急激に生じてくるフラッシュバックの環境と，通常の覚醒時の記憶の中で想起されるような出来事との間の違いに焦点を当てようとした時に，彼女はすぐに手を挙げてこう言います。自分がトラウマの状況の中を生きてきたこと，そしてそれが新しい人生のパートナーを見出すことを妨げてきたのだと突然強く悟ったのだと。自分が死の恐怖に晒されながらどのように結婚を置き去りにしてきたかを語ります。「お前を捕えるためなら，どんな手でも使ってやる」というCの言葉を繰り返します。「彼は私の息子も脅し，もし父親のアルコール依存症について話したら，彼は……」。彼女の声は小さくなっていきます。「Cは通りの向こうに住んでいます。私は何年もこんな生き方をしてきました。彼の犯罪の背景を感じながら，私がつきまとっているような感じです。そのために，新しい関係に入ることができなかったのだと今悟りました。私が悟ったことは，Dが18歳を過ぎて家を離れようとしていることと関係あるかもしれません」
　「もし大丈夫なら，もし俺を置いて行くなら，お前を殺してやる，と彼が最初に言った瞬間に行ってもらえますか。そのときの環境について話してもらえますか。ちょうど夢を話しているかのように私に話してもらえますか。あなたはどこにいるのですか」と私は彼女に尋ねます。トラウマの状況をワークする時，トラウマを受けた人物は，時間の中のある特定の瞬間に連れ戻される必要があります。具体的に特定することは，体現的イメージをワークする時には最も重要なことですから。「いくつかの似たような状況にいます。ニューヨークの家とか，居間にいます。夜です」
　「どれか一つの場面に集中してみてください。……どこにいますか？」
　「ユニット式のソファに座っています。彼は汗だくで怒り爆発寸前で，酔って，インディアンふうに足を組んで座っています。汗だくで，怒っていて，酔っている」

「光はどこから来ているのですか」
「ガラスのコーヒーテーブルから」
「彼が話している間，あなたの体には何が起こっていますか」
「肩がゴリゴリとなって耳元まで上がっています。不公平を感じながら」と言う彼女の拳は震えています。
「部屋を見回してよく見ていただけますか。今何かいつもと違うものがありますか。いつも思い出すときとは違うものがありますか」。ここで私は，即座に生じてくるフラッシュバックと，覚醒時の記憶との違いを対比させようとしています。

Bは長い間黙ったままです。後でもらった返事に，この長い沈黙について書いてあります。

　私にとって特別の場面，居間にいて，私は鮮明に詳しく見ることができます。思い切って言うなら，何年もその居間を，見ないように，あるいは，思い描かないように，思い出さないようにしてきました。家具や壁を見ることができたので，とても驚きました。私はそれを「映像」として見ようとしたのではなく，視線を部屋の中のあちこちにゆっくりと動かすと，それらが自然に立ち現れてきたのです。夢の場面を訪れるときにはこの体験をしたことがありますが，それはリアルタイムで「記憶」の中にある新しい存在でした。だから，何か違うものを探して「見る」（"look" for）ように示唆されたとき，私は視線を足を組んだかつての夫からゆっくりと動かして，ソファの模様やガラス，真鍮製品で，輝きがあせている部分までもが，コーヒーテーブルや側卓の上に見えました。窓を覆っているカーテンの模様も見えました。テレビも，壁の木も，木の節も，本棚の配置の隅々まで見えました。4つの壁の3つまで見えましたが，どれも前と全く変わりませんでした。考えられる中では一番鮮明に，思い出すことができます。見るのはゆっくりしていました。それから，4番目の壁，最初の壁を見たときに後ろにあった壁，を見るために，振り向く必要があると思っていました。

「息子がそこにいない」と彼女は急に叫びます。「息子が部屋に，ベビーベッドにいない」と言い，自分の体験を言葉で表現しようとします。「彼は実際には寄木張りの床に置いてあるベビーベッドにいたんです。でも今はいま

せん。ただ寄木張りの床があるだけです。赤ちゃんがいない！」

　再び沈黙になります。後で二度目の沈黙について，次のように書いてくれました。

　　ここが強力な一瞬が生じたところです。私は，悲惨な結婚の選択をしたこと，その結果生じた一切の悪いことに対して，20年間，自分を責めてきました。振り返って部屋の後ろの部分を隈なく見る用意ができたとき，私は怖くなり，実際なぜかそう感じたのですが，部屋は同じで，それが意味するのは（こう書きながら私の目には涙があふれてきたのですが），何も変わっていなかった，代謝など生じていなかった，そして私はこの恐ろしい選択を扱い始めたばかりで，私の前には何年もの恥と非難と治療とがある，ということでした。あなたとしてきたこのワークの結果がこれです。まだスタート地点に立っただけで，すべては前と同じまま，そして私は酔って怒っている主人がいるという苦悩に捕らえられているのです。壁の絵も，ドアのかんぬきも，腰掛けも，見渡す限り部屋全体も，私が座っている場所の後ろ側も同じままです。それから何とかして床を見ます。すると，寄木張りの模様が目に留まり，何も変わっていないことに酷く心が痛み，部屋の一箇所たりとも「変わっていない」ことに気づきました。すでに生じているはずの代謝を再現するものなどなかったのです。これは私たちがワークしていた部屋で起こったほんの一瞬のことだとわかっていますが，悲しみと落胆は相当なものでした。ほとんど耐えがたいものでした。私は振り出しに戻ったように感じました。果てしない苦労と，永遠に続く失敗を清算してしまいたい。私と息子がこの痛ましい男や状況に絡まれてきた私のあり方を。苦悶のうちに寄木張りの床を見ると，今一度稲妻の一撃がありました。今度は肩に感じたような文字通りの稲妻とは違いました。それはことわざに出てくるような稲妻（青天の霹靂）で，ユリーカ（わかったという叫び）［訳注：アルキメデスが王冠の金の純度を量る方法を発見した時の叫び声］のようなもの，20年の航海から戻ってきたときに見る故郷の海岸の景色のようなものでした。ほんの少し前まで苦悩に向いていた強力な動きが，喜びの方に向きました。……Dが寝ていたはずの場所は空でした。彼は行ってしまった！　Dがそこにいないだけではなく，私が体験したのはワーク全体，プロセス全体，場面全体であり，Dのことを心配したり考えたりすることなく全体を体験したことを悟って震えました。その違いは遥かに大きなものでした。部屋の中で何も変わったものが見えないという恐怖が，喜びに満ちた，ほとんど滑稽なものに変わったのです。「はあ」といったような驚きでした。やりました。変化というのはそういう変化でした。その部屋で，子どもの安全

に神経をとがらせなくてもよかったことなど，一度も，一度も，一度たりともなかったのです。その部屋を体験すること，その男が，もし俺を置いて行くなら，お前を殺してやると言うのを聞いたこと。そこにいて，タバコの煙の臭いやラム酒とコークの臭いがしたこと，ガラステーブルの上のねばねばする指輪，タバコのあふれた灰皿，わきの下から滴る汗，すべて細部に至るまで，心配も考えも悩みもなく，Dの存在すら思い出さずに，その場面全体をもう一度生きるのです。重要な変化が生じて，それもかなりの程度なされたことを知ることが，どれほどすばらしいか話せないほどです。壁が違った色をしているとか，部屋の中に思いもしないものがあるとか，部屋の中に何かがあるとか，を見つけようとして見ていたのです。変化というのは，母親が赤ちゃんの安全について大丈夫という感じが十分あったので，赤ちゃんのことを考える必要がないほどであったということでした。赤ちゃんはすごく元気です。すごくすごくすごく大丈夫です。それから，その部屋の中の全エネルギーが変化し，私の体の中でも変化が起きました。そこまででした。

しばらく沈黙のままにしておいた後で，私は言います，「彼がその場にいないという感じに焦点を当ててください」。

「呼吸が苦しいです」と彼女は泣きながら答えます。

「子どもさんがいないその場所を見てください」

Bは泣き続けています。

「その体験はどんな感じですか，……子どもさんがそこにいないという感じは」

「彼は大丈夫です。彼はそこにいる必要がありません」

「彼がいないという感じ——彼は安全だという感じを感じてください。それをあなたの体で感じてください」

「ゆったりした（spacious）感じです」

「彼がそこにいないというゆったりした感じを感じてください。彼がそこにいないという感覚を持つのはどんな感じですか」

「彼がいたであろう場所（space）……その場所全体が見えます」。彼女は腕を広げます。「壁全体が吹き飛んで，大陸から離れます。Dは大陸から離れています」

「あなたの胸でそれはどんな感じがしますか。それを一番どこで感じます

か。彼が大陸から離れているという感じを」

「それを背骨で一番感じます」

「背骨に何を感じますか」

「より大きな自覚です」

「このより大きな自覚を持って，この酔っ払った男を見ることができますか。背中と肩甲骨に焦点を当てたままにしてください。息子さんは大陸から離れています。この状態でこの男といて，どんな感じですか。この状態で彼といるのはどんな感じですか」

「無関心……いえ，それほど……困惑です。彼はとても小さくて，やせていて，弱い。――かわいそう。この汗ばんで怒った人はそこで何をしているのでしょうか」

「肩甲骨に焦点を当てたままにしてください」

「柔らかいです」

「息子さんがいなくなった場所を見続けてください。壁が吹き飛んだ場所を」

「これで本当に終わりです」と彼女は答え，静かにこれが事実とわかります。

「もう少しで終わりましょう。息子さんがいない場所を，そしてこの場所をあなたの背中に，感じてください。いかにして巨大なものが無意味なものに縮んだかを感じてください。腕を広げた感じを感じてください。安全と感じ，毎日5分間こういう状態になるようにしてください」

実際のワークは15分足らずでした。ワークがまったく短い間で終わったので，それは変容への準備が整ったシステムを変容させる触媒に違いないと私は思いました。

Bは，このワークの1カ月後に，経過報告をしてくれました。

　私の心は，この1カ月，「代謝して」いました。気がつくと夜起きていて，何時間も眠れず，場面や記憶が浮かんできて，映画のように，いくつかの場面や時間が同時に見えるのです。最初の2週間と3週目の前半は，事務処理やファイル整理，本の管理や財務などできませんでした。仕事も調子が悪くて休みました。

私がトラウマワークに自ら手を挙げたのは、あなたがその概念を説明しているときに、糸のように細く光る稲妻のような一撃が私のこわばった肩にびゅんと音を立てて走ったからです。今月はずっとそんな感じでした。エネルギーが私の心と体の中に流れているようで、それが目覚めさせ、解き放ち、柔らかくするので、どんなものと向かうときでも、しっかりと、でも柔らかく立つことができます。あなたの、チンキのような鋭く焦点を当てる技術に感謝します。WD-40（機械用の潤滑油のスプレー）が吹きつけられたような感じでした。
　息子のDのエネルギーもなぜか、伝染したのか、浸透したのか、反響したのか、何かそんな形で、変化しました。父が愚かで縮こまった酔った無意味さとそのたくらみという点で。彼の父親の扱いが変わったのです。以前は大きくて強力だと思われたもの――Dの父――は、事実、愚かで小さくなったのです。

　Bが示してくれたことは、トラウマの状態というのは実際に一つの生態系をなしており、トラウマ環境のそれぞれの要素が相互に連関しているということです。その環境の中で一つの要素が変わると、たとえば、寄木張りの床にDがいなくなると、生態系全体が根本的な変化を被ることになります。それは自然界の生態系に新たな要素が入ってくるのと似ています。ワイオミングのイエローストーン国立公園で、狼が狩猟され絶滅しました。近年、再び公園に戻されました。生態系への影響は予期せぬものでした。狼が大鹿を食べるので、大鹿は自由気ままに柳の芽を食べることができなくなりました。その結果、狼が入ってきたことで、柳の木がイエローストーンに戻ってきました。生態系の変化には連鎖反応の効果があります。同様に、赤ちゃんがトラウマ生態系の一部からいなくなれば、かつては「大きくて強力だった」父が「愚かで縮こまった酔った無意味」なものとなるのです。これが連鎖反応を起こして、18歳のDと父親の現在の関係も変化しました。

　生態系におけるエネルギー所帯は日常業務に現れます。システムの変化は、この日常業務をできなくさせます。「最初の2週間と3週目の前半は、事務処理やファイル整理、本の管理や財務などできませんでした」。日常業務ができなくなって、静止状態にあったエネルギーが解放されたのです。「エネルギーが私の心と体の中に流れているようで、それが目覚めさせ、解き放ち、柔らかくする」。トラウマ・システムの核に亀裂が入って開くと、連鎖反応

が劇的に生じます。

　生態系として体現的想像へアプローチすることは，体現的想像が現れてくる準物理的な本性を正当に扱うものです（「家具や壁を見ることができたので，とても驚きました。私はそれを『映像』として見ようとしたのではなく，視線を部屋の中のあちこちにゆっくりと動かすと，それらが自然に立ち現れてきました」）。体現的想像の中では，それが夢であれフラッシュバックであれ，ふと気がつくと世界の中にいて，体験している主体と同じくらいリアルで偽物理的に感じます。システムの中の変化は予期せぬものとして現れ，思うように操作されるものではありません。「見ていると壁が違った色をしているのが見え，そして，部屋の中に思いもしないものがある，部屋の中に何かがあったのです」。彼女は，自分が思っていたのとはかなり異なる変化が生じたことに驚いたと書いています。ここで私ができる唯一の示唆は，時に変化が生じる，ということです。変化の本性が彼女に，自発的に求めなくても訪れたのです。

　フラッシュバック型の記憶は，通常の覚醒時の意識によるとりとめもないお話のような記憶とはまったく別物です。Bが主張するように，それは啓示（revelation）として現れます（それらが自然に立ち現れる：they revealed themselves）。啓示のギリシア語は apocalypse（黙示録・終末論）です。トラウマ的なフラッシュバックは，その語源が示すように覆いを取る体験です。Bのワークから見たように，この種の「生態系としての記憶」は，必ずしも固定されたものではなく，十分な可塑性を持ち，ドリス・レッシングの父の型にはまった戦争の記憶が凍てついていた状態とは違います。過去の覆いが取られる瞬間には，固定したものであれ可塑的なものであれそれ自身の未来があります。PTSDの研究が示してきたところによれば，潜在的にトラウマとなりうる体験の大多数には可塑性があり，一般の心理的システムに織りこまれ得るものです。果てしなく続く型にはまった固定した反復は例外なのです。フラッシュバックにおいて，過去が現在となります。この現在の過去におけるただ一つの要素の変化が，未来を変えるのです。この最も基本的な方法を一言で言うなら，「過去を変えることはできない」というのは嘘です。

フラッシュバックはSF映画のタイムマシーンのようなものです。主人公が少しでも過去を変えるなら，まったく変わった姿で戻ってきます。過去のいくつかは潜在的な現在であり，体現される用意が常にあり，変化に開かれたものなのです。

文　献

Hartmann, E. (2001) Dreams and Nightmares. Perseus Publishing, p.21.

第9章 汚れた針

劣った分析家のイメージ

精神分析の夢

「1895年7月24日，この場所で，ジグムント・フロイト博士に夢の秘密が現れた」。フロイトは，こう記された大理石板が，自分がその夢を見た家に掲げられることを想像した。その夢とは，精神分析の夢，イルマと出会う夢である。これは，フロイトの『夢判断』の核心をなす夢である。フロイトはこう書いている。「これは私が徹底的に解釈を行った最初の夢である」。「イルマの注射の夢」としばしば言及されるこの夢は，通常，現代の夢分析の幕開けをしるすものと考えられていて，というのも，フロイトは自分の方法を示す時にこの夢を「見本」として用いたからである。夢自体は，初めて夢分析の方法を示す時に多くの夢の中から適当に選んだもののように扱われている。フロイトとその後継者にとって画期的なのは，解釈であって夢そのものではないようだ。

しかし私には，夢が中心であって解釈は偶発的なものである。私はイルマの夢を精神分析の**創造神話**（creation myth）と受け取りたい。筆記者フロイトにとってのある種の啓示として。あるいは，第1号分析家フロイトの昼の残渣で覆われた精神分析の遺伝暗号として。

イニシャル・ドリームについてユングはこう書いている。「それは治療の

最初に現れることが多く，医者に，無意識のプログラム全体を，広い観点から明らかにするような夢である」。イルマの注射の夢を精神分析の元型的なレベルでの啓示と受け取るなら，ジークムント・フロイトという個人の表現としてだけではなく，無意識のプログラム全体の啓示として，そのイメージは精神分析という領域の外観を描き出しているといえよう。つまり，精神分析のイニシャル・ドリームというわけである。遺伝暗号というのは，その後できてくるそれぞれの細胞が繰り返し持つことになる青写真であるが，この現代の遺伝学の比喩を使えば，精神分析は，イルマの夢が際限なくさまざまな形で繰り返されたものということになるだろう。

イルマの注射の夢　1895年，7月23〜24日

夢　大きなホール。われわれはたくさんのお客を迎えている。その中にイルマがいるので，私はすぐさま彼女を脇の方に連れ出した。いわば彼女の手紙に対して返事をし，また，彼女が例の「解決」をまだ受け入れようとしないのを非難するためである。私はこう言う。「まだ痛むといっても，それはただあなたが悪いのです」。彼女は答える，「私がどんなに痛いか，喉，胃，お腹がどんなに痛いかお分かりかしら——締めつけられるようだわ」。私はびっくりして彼女を見つめる。彼女は蒼白で膨れたようだ。私はそれで，何か内臓器官の障害を見落としていたに違いない，と思う。窓際へ連れていき，喉を見る。するとイルマは，入れ歯をしている夫人たちがよくするように，嫌がる。嫌がる必要などないのに，と思う。それから口を大きく開けた。右側に大きな白い斑点が一つ見つかる。そして別の場所に，はっきりと鼻甲介のような奇妙に捻じ曲がったもの，広がった灰白色のかさぶたが見える——私は急いでドクターMを呼んでくる。Mは私と同じように診察して間違いないという。ドクターMはいつもと様子がぜんぜん違う。真っ青な顔色で，片足を引きずっており，あごには髭がない。……友人のオットーもイルマのそばに立っている。それから同じく友人のレオポルトがイルマの覆われた胸を打診して（文字通りには，コルセットの上から打診して），「左下に濁音がある」と言い，左肩の皮膚の浸潤部を指摘する（これは私も着物の上からわかった）。……Mがいう，「これは伝染病であることに間違いないが，しかし心配はない。そのうち下痢になって，毒物は排泄されるだろう」。……この伝染病がどこから来たのかもわれわれには正確にわかってい

る。友人のオットーが，イルマが病気になって間もない頃に，注射したのだ，プロ……ピル，プロピル製剤，プロピオン酸……トリメチラミン（この構造式が，ゴシック体で印刷された形で，目の前に見えた）を。……この注射はそう簡単にはやらないものだが……。多分，注射器の消毒も不十分だったのだろう。

誕生祝：この夢の連想の中で，フロイトはこの宴会が妻の誕生日のためのものだと述べている。創造神話は大きなホールで始まり，多くの人物が誕生の日を祝うためにもてなされるところから始まる。分析家の配偶者・人生の女性パートナー，の誕生の日。精神分析というフロイトの人生のパートナーは，発生期にある。妻の誕生日，すなわち精神分析の創出に立ち会って，われわれが出会うのは，劇中人物，神話の登場人物である。フロイトという分析家1号・元始分析家（Archanalyst）。イルマという分析中の心(サイキ)。後半では，3人の医者。彼らの中で，精神分析というドラマは懐胎する。

親戚：夢の前置きからしかわからないが，イルマの背景には，治療を好まない人物として記述されている彼女の親戚がいる。分析中の心(サイキ)は自然な解決の側におり，近い親類は分析に抵抗していて，自然で見慣れた心性が持つ分析への恐怖，それに抵抗したいという思いを示している。それゆえ，元始分析家が分析中の心(サイキ)に対してとった最初の動きは，分離という動きである（「私はすぐさまイルマを脇の方に連れ出した」）。元始分析家が分析中の心(サイキ)に投げかけた外の光（「窓際へ連れていく」）は，抵抗に会い，心(サイキ)そのものが抵抗（「彼女は嫌がる」）するだけでなく，彼女の自然の**深奥**も抵抗している。これはユングの自然に反する作業(オプス・コントラ・ナトゥラム)というイメージを描き出している。

4人の医者：われわれの創造神話には4人の医者が現れる。これら4人の男性の医学的な姿勢が心(サイキ)を取り囲んでいる様子を想像してみてほしい。もちろん，元始分析家がいて，夢への連想でこういっている。「（それは）まるでそのつど自分に向かって医者としての良心が欠けていると非難しているかのようである」。後で劣等性のイメージを議論する時に，その理由がわかるだろう。次にドクターMがいる。前置きの中で彼は権威であると記されている。これはジョセフ・ブロイラー Joseph Breuer のイメージであり，病理と予後に関する権威の声を示す（「これは伝染病であることに間違いない……その

うち下痢になって，毒物は排泄されるだろう」）。しかしながら，精神分析の場合，診断的予後的権威は片足を引きずっており，あごには男らしさを示す髭がない。分析における権威的な判断は，弱々しく，平坦ではなく，突き通す力もなく，男性的(ファリック)な威厳を失っている。レオポルトは，良心的な観察者の立場をとり，現象を注意深く見守っている人物である。彼は，分析中の心(サイキ)を注意深く観察することによって，痛みの本質を発見する姿勢を示すものである。最後にオットーだが，彼は医原性の疾患を引き起こした治療者である。もしイルマの夢をわれわれの創造神話を示すイニシャル・ドリームと受け取るなら，心の治療において，これら4つの姿勢がそれぞれ，どのようにして働いているかを見ておかねばならない。どこかおかしいと感じる人，何が問題でどういうふうになるかを弱々しく述べる人，注意深く観察する人，そして心を病気にしてしまうわれわれほとんどの治療者。それぞれがわれわれのドラマに必要な要素であるように思われる。

覆われた心(サイキ)：「レオポルトはイルマの覆われた胸を打診した（文字通りには，コルセットの上から打診した）」。もちろん夢が見られた舞台はビクトリア朝のウィーンである。しかし，夢の中のそれぞれのイメージを精神分析のイニシエーションであるかのように思い描いて考察しているのだから，ここでは歴史は無視して，神話的なイメージを見てみよう。イルマのコルセットから2つのことが暗示されている。第1は，分析中の心(サイキ)は常に覆われているということである。覆いをとった姿を見ることはできない。心(サイキ)とは，覆いの果てしなく続く踊り，とでもいえようか。実際に起こっていることを見ることは望むべくもない。上着の下にそれを感じなければならない。それで，言葉は，それが解明しようとしていることを蓋ってしまうし，心的現実の真の本質に関する明確な記述はすべて，疑わしいということになる。神話というコルセットが心(サイキ)の周りに紡がれる。第2は，心(サイキ)と分析家の間に物質があるということだ。分析の仕事は物質を通して行われる。物質は心(サイキ)と分析家の間の性的なタブーによって形作られる。このタブーが必要なのは，後で見るように，両者の関係の本質が，汚れた性のそれであるからである。このタブーによって，このポルノ的な交合が文字通りそのままの行動化から，転移とい

う強烈な性的想像へと変わる。それを最もはっきりと記述しているのが，ユングの『転移の心理学』である。われわれの創造神話では，裸で触れ合うことを禁じるこのタブー，直接的な性的接触に関するこのタブーは，治療としてのむき出しの性を告発する。

「解決」：「彼女が例の『解決（solution）』をまだ受け入れようとしないのを非難するためである」。エディプスというフロイトにとっても中心的な英雄が，スフィンクスに謎をかけられた時，彼は答え（solution）を知っていた。そして，謎に対する答えを知っていることは，インセストへの入口である。謎と答えは母とインセストに属する。分析中の心（サイキ）は，彼女の病という謎に対して元始分析家が見つけた答えを受け入れない。彼女のシャーロック・ホームズはドアを開けるのに失敗したのだ。心の秘密において，「解決（solution）」という言葉の意味を理解しなかったのは，元始分析家の方なのだ。母は謎をかける。心は神秘なのである。分析中の心（サイキ）にとって「解決」[訳注：solutionには溶解という意味もある]とは水に変わることであり，悪臭漂う下痢となって彼女を毒していたものを水に流すことである。

『転移の心理学』の「浴槽に浸かること」という章で，ユングはこう言っている。「この『海』に浸かることは溶解（solutio）を意味する。物理的な意味で溶けてなくなること（dissolution）……と同時に，問題の解決（solution）も意味する。暗い原初の状態にもどされる必要がある……。この悪臭を放つ水はその中に必要なものをすべて含んでいる」。溶解（solutio）という問題によって，「分析」（analysis）という言葉のギリシア語本来の意味，「溶解のプロセス」（the process of dissolution），に再度入る[analysis ＝ ana（再）＋ lysis（溶解）]。悪臭を放つ水に浸かること，すなわち下痢である。

そして，ユングが同じパラグラフで強調するように，溶解のプロセスをもたらすものは下からの水である。下からの水が上がってきて，固定した立場，固定した境界，明確な区別を溶解する。これは，われわれ分析家が距離をとって明瞭な視野の下できれいなプロセスを扱い，離れたところから治療するのではなく，分析する心（サイキ）と分析家との区別が溶けてなくなってしまうような

汚い部分を扱うということを暗示する。両者は悪臭を放つ水の異臭立ち込める中に浸かり，どん底を体験する。低級な悪臭の感情に溶解することは，劣等性を体験することである。低さそのものというよりは，他のものと比べて低いという感情を体験することである。この劣等性の感情は，経験的に，下からのイニシエーションに相当するものである。

劣った分析家のイメージ

このセクションでは，われわれの創世神話（myth of genesis）の中から，元始分析家や，その同僚が劣っていると示されている場面を集めた。そのようなイメージの一つはすでに言及した。足を引きずっている，髭のないドクターMがそうである。権威ある分析家が，強い姿勢で男性らしい髭を蓄えている姿ではなく，足を引きずっていて，男性の紋章としての髭（1895年当時の髭のイメージ）もない姿で現れている。それと同じように，分析家の権威とは，堅固な男性優位のものではなく，足を引きずっていて，威厳も劣るものである。このイメージは前置きでも繰り返されている。「1895年の夏，私は精神分析によって若い婦人を治療したが，彼女は私の友人でもあり，私の家族の友人でもあった。そのような入り組んだ関係があるので，医者には，特に精神分析家には，多大な期待が寄せられることとなる。医者への個人的な関心がより大きくなり，権威は劣る」

元始分析家と分析中の心（サイキ）は，分析が始まる前からすでに親しい。彼らは互いによく知っていて，精神分析に入る前から，お前（君）［du：親しい間柄で使う二人称］と呼ぶ間柄になっている。錬金術においてそうであるように，彼らは入り組んだ関係にすでに巻き込まれている。いわゆる「**混合塊**」（massa confusa）である。明確な単一の関係ではなく，神経を疲れさせる，入り組んだ関係である。関わりを避け，専門家としての立場に専心することは最初から無理なようである。個人的に巻き込まれることは分析に内在するものであり，後ろに隠れられるような客観的なペルソナなどない。分析家と被分析者との間にあるのは，白衣を着た医者が投与する無菌の注射器ではなく，汚れた針であり，個人的に感染する。同時に，この入り組んだ関係性は，

いかなる分析においても，始まる前から，心と分析家の間に内的な心的関係(サイキ)
があるという事実を指し示すものである。精神分析とは，魂の深みで絶えず
進行している，親密で打ち解けたプロセスであり，元型的なプロセスの一つ
である。社会的に形式化され構造化されているのは，文字通りの精神分析だ
けだ。文字通りの精神分析の土台を形作っているのが，この原初精神分析な
のである。それゆえ，文字通りの人工的な精神分析を始めるに当たっては，
原初精神分析がどのように進むかが大切であり，各元素が交じり合って，原
初分析と人工的分析とが相互に貫通し合うという考えをもっていなければな
らない。

「私が患者にあまりに多くのことを約束した……という非難……」。前置き
で，元始分析家は，あまりに多くのことを約束しすぎたという非難の声を聞
いたように思っている。精神分析とは約束に関係があり，それは来るべきよ
りよい世界への親和性が元型的に現れたものである。約束が決して満たされ
ないのは約束の本質であるから，精神分析は常に「部分的な成功」に留まる
（前置きに，「治療は部分的な成功で終了した……」とある）。

約束してもそれにうまく添えないことが必然なので，約束を果たせないと
いう感覚が分析家の中には絶えずあって悩みのもととなる。これが，災いを
もたらすいんちきな元始分析家の感覚の基礎にある。自分が与えられるもの
以上のことを約束する詐欺師というわけである。

侵　　害

イルマは，心理療法の記述された歴史の中で最悪の治療を受けたケースの
一人の犠牲者に対応している，あるいは相応していることが明らかとなって
いる。恐るべき事件であった。以下の情報は，フロイトのかかりつけの医者
であったマックス・シュール Max Schur の論文に基づいている。シュール
は，イルマの夢の背景にある補足的な材料を示していて，それはいわば，フ
ロイトの前置きの前置きとも言える。

　　　［ウィルヘルム・フリース Wilhelm Fliess への］これらの［未公刊の］一連の手

紙から，次の事実が明らかになった。フロイトはエンマという女性患者にヒステリーの治療をした。手紙の中で，この患者が最初に述べられているのは，……1985年3月4日の手紙である。イルマと同じように，エンマはフロイトの要請によってフリースの診察を受け，身体症状が，部分的には「鼻に原因がある」かどうかを診てもらった。フリースはウィーンに来ていて，外科手術を勧めた（勧めたのは明らかに鼻甲介の手術であり，イルマの夢の鼻腔類似のものである）。そしてそこで彼女の手術を行い，数日後にベルリンに戻った。

治療の経過は，以下のフロイトのフリースへの手紙の抜粋に記されている。

3月4日
　エンマの状態は満足できるようなものではありません。腫れがまだ続いていて，調子がよくなったかと思うと悪くなり次々と「雪崩のように」いろいろ起こってきます。モルヒネなしではいられないくらいの痛みがあり，ひどい夜を過ごしています。膿汁の分泌は昨日から減少しています。一昨日（土曜日）には大量の出血がありました。おそらく，硬貨大の骨片が剥離したからでしょう。2つのボウルが一杯になりました……。

3月8日
　私はゲルズニー［外科医］に来てもらうようにしました。彼はドレーン（排膿管）を挿入しました……。彼はあまりやりたくなさそうでした。2日後……鼻と口から穏やかな出血が続いていて，悪臭は非常にひどいものでした。R［イルマの夢のオットー医師］……は，何か糸のようなものを突然引っ張りました。彼はそれを引っ張りつづけて，二人とも考える間もなく，ついには少なくとも50センチはあるガーゼを腔から引き出しました。次の瞬間，血が噴き出しました。患者は蒼白になり，目が飛び出て，脈も触れなくなりました。ところが，彼が新しいヨードフォルム・ガーゼを腔の中に詰め込むやいなや，出血は止まりました。……翌日……再手術が行われました。……要は，われわれが彼女に不当なことをやったのです。彼女は少しも異常ではありませんでした。君がヨードフォルム・ガーゼを引き出したとき，その一部がちぎれ14日間放置されて，治癒を妨げ，最後には剥ぎ取られて出血を引き起こしたのです。この災難が君にふりかかるべきだったこと……。もちろん誰も君を責めることはできませんし，非難すべき理由もわかりません……。

4月11日
　陰うつな，信じられないほど陰うつな時期です。特にこのエンマの一件はどんどん気持ちを萎えさせます。……8日前彼女は出血しはじめました。……2日前には新たな出血。……新しい詰め物，新たな無力感。昨日，……［血は］噴出こそしませんが，じわじわと出ていました。［液体の］水面が急速に上がってきてあふれているような感じです。……これに加えて，痛み，モルヒネ，医学的にはどうすることもできないことがはっきりしているための意気消沈，そして危険な雰囲気。この哀れな娘のいる状態を思い浮かべてください。……このような災難が，無害だといわれている手術から生じうるということに，私は大変動揺しています。この気を滅入らせる出来事だけのせいかどうかわかりませんが，私の心臓の状態は，この年で調子も悪くなり，標準と比べるとずっと低いです。

　フロイトは，このイルマの夢に基づいて夢の本質は願望充足であるという理論を打ち立てている。その夢はオットーを非難することであらゆる悪行から私を無罪にしてくれる，とフロイトは述べている。オットーは（前置きで述べているように），患者にあまりに多くのことを約束したと，フロイトを責めた。オットーは汚れた針で注射をし，それがイルマのあらゆる痛みを引き起こした。手紙からは，どうしてそれがオットー，つまりオスカー・リー医師であらねばならないのかという別の理由を見ることができる。フロイトが感じた非難は，その人に置き換えられねばならなかった。リー医師——オットーはウィルヘルム・フリースの医療過誤を見つけた人である。シュールは，このエピソードはフロイトがフリースに対して起こしていた強烈な転移の終焉の始まりを示すものであると述べている。手紙の中に見られるように，この時点で，フロイトはフリースに対して，いかなる悪行についても，意識的には決して非難するつもりはなかった（「もちろん誰も君を責めることはできません」）。それゆえ，オットーへの罪の置き換えは2つの目的をもっている。つまり自分自身とフリースの両者を無罪にすることである。フロイトは，この一件の間中，どうすることもできないという感じを強く抱いて，自分の心臓の状態も悪化するほどであったと強調している。ここでは劣等感が心臓で感じられている。

フロイトの個人的な観点，そして夢の願望充足という観点は，いずれも自我から劣等感を取り去るものだが，その観点からは，彼の解釈は明快である。しかしながら，このエンマの物語は，夢を精神分析の創造神話として読むという神話的読みに何を加えてくれるだろうか。われわれの見方から言えば，罪が元始分析家から同僚へと移動したことは，置き換えではなくて，元始分析家を取り巻くイメージをさらに明確化するものである。オットーは，その暗く，汚れた側面においては，元始分析家といえる。加えられた材料は，ウィルヘルム・フリースという新しい人物をも登場させる。ウィルヘルム・フリースとは誰なのか？　フリースという語は「溢れる (flow)」を意味する。フロイトは，「［フリースが］手の届くところにいる限り，私には観念や計画が溢れ出ていた」と述べている。フリースは，熱烈に崇拝されたフロイトの恋人であり，何年もの間書簡を交わし，その後完全に関係を断ち切った人である。この情事の交わりは鼻的（nasal）である。彼らはつねに互いの鼻の状態について言及し，心配しているが，鼻というのは親密な性的な器官であるということを共に認めていたのである。フリースは病気，つまり鼻の機能不全の根本的な原因を取り除くことで，苦しみを癒そうとする治療者だったのである。

　こうしてフリースは，高潔な魔法の力を持った治療者を具現化し (embody)，観念が溢れ出る源泉にいて，性的な機能障害を取り除くことで容易に治ると約束する人物である。その結果，分析中の心が導かれたのは，「0.5秒のうちに彼女は出血多量で死んでもおかしくなかった」瞬間だった。分析中の心を，恐ろしい死と対峙させるのは，元始分析家の中で大切に育てられた，この魔法の力を持った治療者という側面である。魔法の力をもった治療者，観念の源泉は，ただエロスの力で治そうとしても，心を死の間近まで連れていってひどく苦しめることになる。魔法の治療者とは無意識の，暗いエロスであり，観念を弄び，原因について空想をめぐらせるのが好きで，その無意識的な目的によって，分析中の心を裏切り，死へと追いやることになる。

　前置きによれば，イルマは「ヒステリー性の不安」に苦しんでいた。エンマの素材を通して，このヒステリー性の不安が現実の不安へと変化する様を

見ることができる。そのプロセスは，元始分析家という治療者の影(シャドウ)によって分析中の心(サイキ)が犠牲にされるかのように見える。もしイルマの夢を，精神分析を具現化するものとして，精神分析の何たるかを述べるものとして受け取るなら，われわれの職業の基盤は悲劇であり，われわれ治療者の影(シャドウ)がもつ暗い使命は，精神分析のドラマにおいて避けることのできない要素であり，跳ね返ってくるものである。汚い下方への道のりは劣った人物によって導かれる。分析中の心(サイキ)を読み解くことは，ハーデスとコレの殺害の物語のように，とことん侵害なのである。

汚れた針

現代医学の最大の夢の一つは，無菌という夢である。無菌化され滅菌された白さこそ，清潔な注射を通して，病気を治すことを可能にする。それでは精神分析の例の夢を見てみるとどうだろう。われわれ分析家の針は，劣等な動機とか個人的な巻き込み，自分の汚物によって汚れている。われわれは感染している。われわれの治療は下痢である。劣った感情を通して患者とともに水に向かう。われわれの治療は鉄砲水のような，突然栓が外れたかのようなものだ。無能な外科医，魂の屠殺者［訳注：butcher には外科医という意味もある］，心(サイキ)の喉からいつまでも消えないわれわれの愚かな行為。魔法のような特効薬を愛することは，魂を殺すに等しい。観念を愛することは，失われたパズルのピースを求めることではなく，溶解の排泄物につながる。高尚な目的が下からの苦痛になる。われわれの汚れた針は，トリメチラミンによって満たされている。これに対するフロイトの連想は，それが性ホルモンであり，性的な刺激物だということである。これは夢の中では医原性疾患の原因としてイタリック体で示されていて，分析中の心(サイキ)はそれに苦しんでいる。彼女は不潔な注射器［Spritze，注射器（独語）］に貫かれた。この注射器という言葉は「squirter」［噴出，ほとばしり，注射器］という英語にも訳される。不貞なという意味の不潔を意味するラテン語は incastius であり，そこから近親姦［incest］という言葉が派生した。彼女の性を刺激するために，汚れた注射器が，分析中の心(サイキ)に，近親姦的に入っていく。この侵害，汚染が，

医原性の疾患を引き起こすと同時に，治癒，下痢という解決を引き起こす。感染を引き起こす汚れた針のもう一つの側面は，性的な疾患を指し示している。この近親姦的な，性を刺激する，病気にさせるようなプロセス，それによって精神分析において性的な感染と治癒とが生じるようなプロセスとは何だろうか。それをわれわれは転移と呼ぶ。元始分析家と分析中の心(サイキ)との間にある汚染された絆。汚れた針が貫くことによって封をされるもの。清潔な患者－医師関係ではなく，病気にさせるような，不貞な，きわめて個人的なことを巻き込む，混乱したエロス的な絆。それが転移である。最初の談話療法の事例，アンナ，O. がヒステリー的な想像妊娠で終わったことを思い出してほしい。ここでも，精神分析の隅々まで浸透しているのは，劣った性的な手当てなのである。われわれの物語は，愛の病んだ物語，病のラブストーリー，病んだ愛の物語──毒を排出する悪臭の中に愛の病を排出すること──である。

結　論

　劣った感情というのはほとんど耐えられないものである。その本質からしても，恐ろしいものと感じられる。私は教育分析を受けた最初の頃は，心的な素材が提示されるたびに常に恐ろしい劣等性を感じていた。それらを少しも理解できないと感じていた。私は一度も自分が分析家になったとは感じなかった。私は愚かで，あらゆる点でその素材より劣っていると感じていた。最初，私は，訓練をもっと受ければ，これが軽くなるのだろうと思っていた。しかし，先輩も，何十年も仕事をしているのに，同じようなことを感じていることを見出した。われわれの創造神話に見られるように，われわれの先達は，足を引きずっているし，全く男らしくない。その後，私はアカデミックな威信を争奪することに心が惹かれるのを感じた。もっと学位をとって，もっと尊敬を集めたい，と。おそらく教授とか博士とかになれば，感じる劣等性が減るだろうと。しかし，今や私には，精神分析における劣等性の感情は構造的なものであることが明らかになった。それは分析の一部なのであり，精神分析という神話の深層を情緒的に体験することなのである。前世紀，精

神分析という劣った混ぜ物を行ったり，訓練を受ける者に劣った訓練を与えたりすることで精神分析家が同僚の体面を傷つけた理由も，これで説明できるだろう。

　さまざまな劣等性の感情をたえず正確に区別していくという苦痛を伴う訓練を，どのようにしたら受けられるだろうか。そのような訓練はわれわれの自己－イメージを低いものにし，努力の影になる部分に適合させる。そのような訓練の第一の敵は，いわゆる劣等感コンプレックスである。このコンプレックスは，われわれの情動全体に劣等性の感情を曖昧なまま広く蓋い被せてしまう。そのために，劣等性の感情にある多くの微妙な違いを区別することが事実上不可能になってしまう。そして劣等感コンプレックスはあらゆる劣等性の感情を個人的なものと受け取らせてしまう。それは中でも最大の問題であるのに。それゆえ，一番大切なことは，われわれの創世神話を研究して，元始分析家がさまざまな点で怖さを感じることを認識することである。そうすれば，彼に耐えられるようになり，このように感じているのは自分だけだという罠にはまらずにすむ。劣等性の感情の罠とはもちろん，自分のことをまったくだめな人間だと感じさせ，それを作り出す神話から切り離されてしまうことにある。

訳者あとがき

　ここに筆者のかねてからの念願であったボスナック先生の論文集をまとめることができたことを喜びたい。筆者がボスナック先生と最初に出会ったのは，先生が毎年春に開催されているドリームワークに参加した時のことだった。ドリームワークに参加したのは1日だけだったが，なんとも言いようのない不思議な感覚が体の方にいつまでも残って，しばらくの間，大変だった。

　私はもともと，体で受けてしまうところがある。医者になって最初に病棟に入った時，その雰囲気に圧倒されて，なんともいいようのない違和感が体に残ったことをよく覚えている。診療をしていても，たとえば，患者さんが抗癌剤の点滴で吐くのを見て自分も吐き気を催したり，痛みをこらえている様子を見ていると自分にも痛みが移ってくるような気がしたりして大変だった。体の方が先に反応してしまうのである。それでは診療にならないと思い，そういう身体感覚に蓋をしようとしてきたところがあるのだが，先生のドリームワークは，そういう身体感覚をむしろ治療に生かそうとしておられるのが私には衝撃だった。私自身に生じてくる身体感覚をむしろ大切にすべきことを教えられた。先生が夢を扱う時に身体感覚や感情に焦点を当てられることは，すでに『クリストファーの夢』（創元社）を通して知識としては知っていたが，先生のドリームワークを文字通り体で体験して，身体の反応という問題が，私の中で大きなテーマとなっていった。

　それからまもなくして，今度は「臓器移植における統合と両価性」（本書第2章）という論文と出会い，再度衝撃を受けた。これは心臓移植を受けられた患者とのドリームワークを示し，論じたものである。私自身は骨髄移植

という治療に携わっていた時期があるが，この論文を読みながら骨髄移植と心臓移植とではドナーに対する葛藤のあり方が異なることを感じた。心臓移植の場合，ドナーは死に，レシピエントは生きる。医療はしばしばこのアンビバレンスの抑圧に手を貸すが，「このアンビバレンスを体験すること，この内的な葛藤を体験することは必要不可欠のことである。実際，それが命の新しい理解につながり，……二つの生命力が交じり合って新しい人物が生まれるのである」（本文 p.113）と彼が明確に書いていることにショックを受けた。これは，心臓移植においては決定的重要性を持つ問題であるが，容易に正面から取り組めるものではない。こう言い切る強さはどこから生まれてくるのだろうと思っていたのだが，本書の最後に収録した「汚れた針」という論文がそのヒントを与えてくれることに気づいた。精神分析における劣等性は構造的なものであることを論じたこの論文は本書の他の論文とは少し異なり，ドリームワークそのものについて述べたものではないので，当初は（一応候補にはあげていたものの）外そうと考えていた論文だが，ボスナック先生からの要請もあって，再度収めることにしたものである。先生のドリームワークの出発点とも言える論文である。ボスナック先生のドリームワークを理解する上で，やはり欠くことのできない論文であると改めて感じた次第である。

　第2章にも出てくる心臓移植を受けた女性，クレア・シルヴィアは，『記憶する心臓』（角川書店，1998）という本を書いていて，この中でボスナック先生との出会いの様子，さまざまな偶然が重なって，夢に現れてきたティムという名の人物が実在し，それがドナーの名前であったこと，ドナーの家族にも会いに行き，そこでもさまざまなアンビバレンスを体験したことなどが語られている。それほど劇的ではないが，同様の体験は第3章に収録した論文にも示されている。この件については賛否両論渦巻いているようだが，どう捉えるかは別としても，実際にそういうことが起こったということだけは変えられようもない。今後の研究が待たれる分野である。ちなみに，『クリストファーの夢』の中で，エイズの心身相関的な基盤に関する彼の講演（ハーバード大学）が，まったく理解されなかったと憤っている場面がある。それ

から10年以上が経過した今日では，エイズの病状に心身相関的な基盤があり，心理状態が病状に影響を及ぼすことは周知の事実となっている（Sternberg (2001) "*The Balance Within*"）。第6章にある「夢見手が示す心身反応のうち，類似した反応は，皮膚電気反応のグラフでも形がおなじパターンになる」（本文 p.158）という仮説もその後証明されたとのことである（p.9参照）。彼の洞察の深さを示すものである。

　ボスナック先生と初めて出会ったドリームワークの時に，まず，夢に関する脳科学の知見を簡単に紹介され，脳の断面図を描き，扁桃体を中心とする不安の神経回路を簡単に説明して，ドリームワークがどういうところに働きかけているか，その可能性について示された。その時はジョセフ・ルドゥー Joseph LeDoux（1996）の "*The Emotional Brain*" を読んでいると，私にも紹介してくださった（この本は最近翻訳が出た。『エモーショナル・ブレイン』東京大学出版会, 2003）。その後，先生が，'*Science*' などの科学雑誌にも目を通して，脳科学や夢に関する科学的な知見についても広くカバーしておられることがわかった。先生の中では科学研究の知見と臨床実践とが見事に統合されている。近年，脳科学と深層心理学（特にフロイトの精神分析）とは合流する兆しを見せ始めていて，今後大きな流れが生まれてくるのではないかと思われるが，この点でも先生は時代を先駆けておられるといえるだろう。

　第4章に収めた，身体疾患に対する適用は，エンボディ（embody）を重要なキータームとしている先生のドリームワークには，ある意味必然といえる流れである。このキータームについてはまえがきでも山先生が解説しておられるのでここでは重ねないが，一言だけ加えておきたい。先生のワークは，第4章で書かれているように，現代医学を否定したり排除するものではなく，それと共存しうるものである。しかし，先生のドリームワークは，いわゆる代替医療とも一線を画しているように思われる。それは，ホリスティックなモデルではなく，心と体という二つのネイチャーを媒介する第三のもの，自然を媒介する魂（本文 p.132）を想定しているからである。それゆえにあえてエンボディというキータームを導入して，体現的想像（embodied imagination）とか体現的ドリームワーク（embodied dreamwork）と呼び，通常のメンタル・イメージとは区別するのである。詳しくは第4章，第5章を参照していただきたい。

　第5章ではルフィニャックの洞窟の前で行われたドリームワークが紹介されている。ルフィニャックの洞窟は地元では「百のマンモスの洞窟」として少なくとも16世紀から知られていた洞窟で，近郊からはマンモスの遺骸は発見されていないにもかかわらず，なぜこれだけ大量のマンモスの図像が描かれたのか，謎に包まれている。腹ばいになって入口から1キロメートル以上も進んだところには，大天井画と呼ばれる一連の絵画がある。しかし，それが発見された時，天井の高さはわずか80センチメートルしかなく，天井画全体を眺めることは無理だった。製作された当時，鑑賞のための距離はまったく考慮に入れられておらず，鑑賞目的とは考えられないというのである（港千尋『洞窟へ』せりか書房，2001）。つまり，距離をとって対象を眺めるという，現代のわれわれがよくやるような見方は，物理的に最初から無理な状況で，これらの図像は描かれているのだ。それゆえに，想像，体現的想像ということがますます重要になってくる。このような背景を念頭に置きながら，第5章の冒頭の文を読むと，エンボディメントということの意味がさらに実感を伴って迫ってくるのではないかと思う。

　続く第6章と第7章は，先史時代から現代まで一足飛びに時代を超える。洞窟を前にしてのドリームワークの後に，2001年9月11日のいわゆるテロ事件の衝撃が論じられる。夢は時間を越えるとはいえ，先生の無碍闊達な動きには驚嘆の念を覚える。時代を超えるだけではない。インターネットの普及により，物理的な距離をほとんど感じることなくコミュニケーションできる時代になってきた。アメリカとアジアとアフリカとヨーロッパで同時にドリームワークがなされているという。時空を超えてドリームワークは広がっている。

　第8章の「トラウマを代謝する」は，先生の最新の考え方が示されている。生態系というメタファーを用いることに関してはいろいろと議論があると思うが，イメージの自律性を考慮に入れた一つの考え方として興味深いもので

ある。最近，静岡県中央児童相談所の平岡篤武先生より教えていただいたトラウマワークは，状況設定は異なるものの，イメージの自律性を利用している点は同じで，印象に残った。実際に見せていただいた平岡先生の事例では，トラウマワークと名づけられているものの，トラウマという言葉に縛られずに適用を広げておられ，いわゆる狭義のトラウマにとどまらない広がりと深さを持っている点でもボスナック先生のドリームワークと共通していると感じられた。平岡先生は導入に当たってアセスメントを慎重に行い，適応をよく検討することの必要性を強調しておられたが，それはボスナック先生のドリームワークでも同じであろう。

ともかく本書の構成を通覧するだけでも，そのテーマは，先史時代からテロ，トラウマ，インターネットといったきわめて現代的な問題をカバーするのみならず，臓器移植，身体疾患など医療領域にも広がりを見せていて，ドリームワークを通じて世界のあらゆる問題に取り組んでおられることに畏敬の念を覚える。ぜひとも読んでいただきたい論文ばかりである。

京都学園大学の山先生とのお仕事はまえがきにもあるように本書で3冊目である。先生にはお忙しい中，翻訳作業を共にさせていただくことができ，ここに感謝申し上げたい。翻訳作業を通していろいろと触発された。翻訳は，第1，2，3，5，8章と9章の前半を岸本が，第4，6，7章と9章の後半を山が担当し，相互に検討した。第1章の翻訳については，椙山女学園大学（当時）の佐々木こず恵さん，三浦広子さん，富田美穂さん，山根朋美さん，臨床心理士の米島千晶さん，三浦亜紀さんに協力していただいた輪読会での検討が下敷きとなっている。図版については，国立療養所松籟荘の廣瀬高志先生と京都大学付属病院の西村史朋先生のお力添えをいただいた。また，第6章の翻訳は，「ユングとテクノロジー」（名取琢自訳，プシケー20号，pp.18-35）と重複している部分がかなりあるため，名取先生の承諾を得て利用させていただいた。ここにあわせてお礼を申し上げたい。また，山王教育研究所・濱田分析オフィスの濱田華子先生は，ボスナック先生の初来日以来，熱心にドリームワークの導入に努めてこられた。序文にあるとおり，ドリー

ムグループ「マナの会」がエンボディド・ドリームグループとしては最も長く続いていることからも，濱田先生を中心にドリームワークが着実に根づきつつあることがうかがわれる。筆者がドリームワークに参加させていただいたのも濱田先生のご配慮によるものである。ここに改めて感謝を申し上げたい。最後になったが，金剛出版の山内俊介さんには本書の企画に尽力していただき，また大田和江里子さんにはレイアウトと校正でお世話になり，心より感謝申し上げる。

平成16年7月4日

岸本　寛史

索引

アルファベット

Computer Assisted Therapy（キャシィも参照） 8, 160
DNA 185
dream-work 48
dreamwork 49
embody → 具現化，具体化
embodied（体現も参照） 47, 63, 81, 131
　— dreamwork → 体で体験するドリームワーク，体現的ドリームワーク
embodiment 44, 94, 134, 172
MIT 157
MS → 多発性硬化症
Mysterium Tremendum → 戦慄すべき秘儀
PTSD 188, 189, 197
Tertium → 第三

あ行

アイデンティティ 95
アインシュタイン，アルバート（Albert Einstein） 179
赤（赤化も参照）
　—の世界 78
悪夢 174
　消化を助ける— 175
アスクレピオス 97, 123, 181
アニマ 40, 45, 47, 65
アボリジニー 8, 33, 65, 85, 94, 134, 155, 169, 178
アマルガム（合金） 112
アリストテレス（Aristotle） 32
アルコール依存症 191
アルゴリズム 160
アンナ, O. の症例（フロイトの） 210
アンビバレンス（両価性） 95, 97, 106, 107, 113, 121
E メール 171, 191
硫黄 52, 54
異界 39, 86
　—への旅 37
胃癌 116
移行 169
意識
　—状態 32, 85, 118
　—の習慣 33, 60
　習慣的な— 151, 153, 180
　第三の— 112
　二重— 141
　二重の—状態 178
　入眠時の—状態 146, 168
移植
　—手術 116
　—片 95
　心臓— 115, 120
　腎臓— 119
　心肺— 95, 119
　臓器— 113
イニシエーション 202
イニシャル・ドリーム 199, 202
イマジネーション 180
イメージ（想像も参照） 21, 39
　元型的— 158
　体現的— 191
　冷たい—の世界 73
　メンタル— 141
イライザ 164
イリヤチャリ（Ilyatjari） 129
イルマ（事例） 199, 202, 208
　—の注射の夢 199
　—の夢 207
因果関係 46
　準——関係 47
　準——論的 46
インキュベーション 123, 128, 181
インターネット 156, 177
インディ・ジョーンズ 124
ウィールライト，フィリップ（Philip Wheelright） 55
ヴィンセントの事例 120
牛 140
海 203
エコシステム 187
エナンティオドロミア 43
エピダウロス 136
エラノス 31
縁 6
エンテレケイア 47
エンマの症例（フロイトの） 206
王 64
王妃 64
狼 196
オットー，ルドルフ（Rudolf Otto） 172, 202, 207
乙女の乳液 71

か行

解決（solution） 203
外傷 106
乖離 34, 116, 151, 152
蛙 50

索引

『化学の結婚』 93
化学療法 124
鏡 72, 73, 77, 79
拡充 39
影→シャドウ
鍛冶屋 55
かのような 46
　「—」という方法 38
かのように（as if） 32
亀 50
体（体現も参照）
　—から離れる（disembodied） 151
　—で体験するドリームワーク 12, 168
　—のドリームワーク 185
河合隼雄 5, 6, 31
カンガルー 33
　—ダンス 33
環境
　準物理的な— 187
　夢見の— 31
願望充足 207
緩和ケア 132
ギーゲリッヒ，ヴォルフガング（Wolfgang Giegerich） 31
『記憶する心臓』 119
岸本寛史 9, 12, 132
キャシィ（CATHY） 8, 158, 160
救済（remedy） 173
　—方法 172
凝固 70
共時性 7（縁も参照）
鏡体 143, 144, 146
恐怖 176
拒絶 105, 106
　—反応 116, 122
銀 72, 73
　生きている— 88

『—と白い土』 54
　—の柱 73
近親姦 209
金属 70
クグラー，ポール（Paul Kugler） 5
具現化（embody） 57, 208
具体化 131, 133
熊 176, 179, 180
黒（黒化も参照）
　—の世界 78
啓示 197
ゲーリッツ，アン（Ann Goelitz） 129
ゲシュタルト療法 169
結合 83
　『—の神秘』 42
　対立物の— 54
幻影（phantasm） 179, 181
嫌悪 74
幻覚 38
元型
　—的イメージ 158
　対立物の— 44
言語
　—連想検査 158
　—連想実験 157
顕在内容 48
元始分析家 201, 203-205, 208, 210
賢者の石 87, 94, 112（哲学者の石参照）
幻像 130
抗癌剤治療 116
合金→アマルガム
抗精神薬 171
抗不安剤 171
『ゴースト』 99
心→サイキ
個性化

—過程 86
　—の原理 52, 54
　—のプロセス 92
黒化（nigredo） 59, 68, 70, 82, 90
コレ 209
コルバン，アンリ（Henry Corbin） 38, 130, 131, 142, 143, 152
根源的湿気（radicalis humore） 183
混合塊（massa confusa） 204
混沌 57
コンプレックス 158

さ行

サイキ 59
サイバードリームワーク 155, 156
　—ヴォイスグループ 155
殺のプロセス 52
サトル（微細） 183, 184
　—ボディ（微細身） 99, 131, 132, 185
サロメ 39, 40
残酷さ 73
死 59
ジェイムズ，ウィリアム（William James） 176
ジェリー（ヘレンの事例も参照） 147
自我 33, 39, 60, 104
　—する 60
　—のプロセス 61
　夢— 35, 41
視覚 70
自覚状態 141
視覚皮質 176
自己開示 129
死者の国 59

自然に反する作業　201
自然の永遠の精　55
自然を媒介する魂　45, 132
肢体切断　75, 77, 172
湿った蒸気　70
シャーマニズム　140
シャーマン　140
シャドウ（影）　65, 209
　―の原理　65
習慣的
　―な意識　151, 153, 180
　―な自己　148
　―な視点　169
　―な体験　175
シュール，マックス（Max Schur）　205, 207
主体　141
準－因果関係　47
準－因果論的　46
浄化　69
焦点　72
ジョージの事例　116
自律神経系　157
シルヴィア，クレア（Clair Silvia）　7, 95, 99, 100, 102-105, 109, 111, 119, 120
ジルベラー，ヘルベルト（Herbert Silberer）　42
白（白化も参照）
　『銀と―い土』　54
　―い湿気　71
　―い灰　90
　―いマグネシア　71
　―の世界　77, 78
　―の段階　79
心的エネルギー　42
心的外傷→トラウマ
神秘的な妹　88
神秘的融即　85

水銀　88
　―の浴槽　58
スーフィー　152
スカーマン（シルヴィア，クレアも参照）　101-103, 105, 111
ステュクス川　73
スピリット　精→55；霊→175
省察　69
精神分析　42, 171
生態系　187, 196
成長　44
『聖なるもの』　173
生命エネルギー　40
赤化（rubedo）　82, 83, 91
セニオール　69
閃光　134
潜在内容　48
戦慄すべき秘儀（Mysterium Tremendum）　173
想像（イメージも参照）
　―力　32
　―力による代謝のワーク　190
　体現的―　138, 141, 143, 144, 152
　能動的―　34, 36-38, 40, 86
創造
　世界―　50
　―神話　199, 201, 202, 208
　―不断　85
創像的（imaginal）　49, 78, 142, 144
　―状態　145
　―世界　38
　―態度　39
ソウル　47
ソームズ，マーク（Mark Solms）　144
ソクラテス（Socrates）　68

た行

ダイアナ・クック（Diana Cook）　155
第一質料　16, 52, 54, 59, 66, 67, 71
体現（embodied）　145, 172
　―された状態　177
　―された存在　142
　―的イメージ　191
　―的想像　138, 141, 143, 144, 152
　―的ドリームワーク　116, 189
第三（Tertium）　45
　―の意識　112
　―の人物　112
　―の物質　112
　―のモデル　132
　―のもの　42, 44, 57, 67, 112
　―のものはない　130
代謝　195
太陽
　―化（Solificatio）　182, 185
　『―の光彩』　48, 52, 67, 69, 89
対立物　43, 44, 56, 65
　―の元型　44
　―の合一　65
　―の結合　54
『立ち昇る曙光』　83
多発性硬化症（MS）　145, 146, 151
タブラ・ラサ（白紙）　84
魂　55, 59, 61, 65, 81, 84, 121, 144

—の帰還　80
　　自然を媒介する—　45, 132
ダマシオ，アントニオ（Antonio Damasio）　179
段階
　　鏡映の—　69
　　狂気の—　79
　　白の—　79
　　月の—　79
談話療法　210
注意散漫　63
中心化の過程　117
超越機能　41-43, 45
直腸癌　133
チンキ（薬）　151, 182
露　69
　　—の湿気　73
抵抗　61, 64, 68, 134, 146, 160, 201
ディック・スミス（Dick Smith）　155
ティム（シルヴィア，クレアも参照）　108, 111, 112, 119, 120
テイラー，オイゲン（Eugene Taylor）　123
デジャ・ヴ　121
哲学者の石　48, 90（賢者の石参照）
『哲学者の薔薇園』　51
デュプレ，マイケル（Michael Dupré）　128
テレビ会議ソフト　8, 155, 177
天　83, 86, 89, 90
転移　56, 114, 210
　　—/逆転移　65
　　『—の心理学』　42, 203
同一態の核　44
道教　43

同性愛　80
ドナー　95, 100, 120
トラウマ（心的外傷）　101, 113, 117, 151, 174, 184, 188, 190, 191, 196（PTSDも参照）
　　既知の—　175
　　—システム　196
　　—ワーク　196
　　未知の—　175
鳥　125
ドリームワーク　128, 159
　　体で体験する—　12, 168
　　体の—　185
　　サイバー—　155, 156
　　サイバー—ヴォイスグループ　155
　　体現的—　116, 189
トリスモジン，サロモン（Salomon Trismosin）　48

な行

内的な模倣（interior miming）　33, 126, 134
二元モデル　130, 131
二重
　　—意識　141
　　—の意識状態　178
入眠時
　　—状態　32, 37, 162, 178
　　—の意識状態　146, 168
ニューロダイン・メディカル社　158
ヌミノース　149, 173
猫　132, 133, 134
熱　64
ネットワーク　116, 152

は行

バーサの事例　140

ハーデス　209
媒体（medium）　44, 45, 65, 99, 131, 132, 135, 136
恥　68
白化（albedo）　69, 75
発達心理学　46, 47
ハデス（黄泉）の下界　73
濱田華子　9, 124, 127, 181, 182
針刺し女　162
鍼療法　40
ハルトマン，アーネスト（Ernest Hartmann）　189
ハンドル　67
火　55, 64, 68
樋口和彦　5
髭　204
左頭頂葉　144
皮膚コンダクタンス　157
皮膚電気計　158
皮膚電気反射計　157
ヒルマン，ジェイムズ（James Hillman）　4, 5, 31, 54, 70, 71, 124
ファウスト　30
フィッシャー，ウォルフ（Wolf Fischer）　160, 162
フィッシャー，ジル（Jill Fischer）　8, 155, 162
フォン・ローゼンクロイツ，クリスチャン（Christian von Rosencreuz）　93
物理学者　47
フラッシュバック　190, 197, 198
　　人工的な—　190
フリース，ウィルヘルム（Wilhelm Fliess）

205-208
フロイト, ジグムント (Sigmund Freud) 4, 33, 199, 201, 206, 207
ブロイラー, ジョセフ (Joseph Breuer) 201
プロヴォスト (Provost) 129
分析 203
分離 84, 87
ペドラーサ, ラファエル・ロペス (Raphael Lopez Pedrazza) 5
ヘラクレイトス (Herakleitos) 55, 58, 60, 61, 65
ペリゴール 137
ベル 66
ヘルマフロディテ (両性具有) 45
ヘルメスの容器 51, 57
ヘレンの事例 145, 151
扁桃体 176
放射線治療 116
ホメオパシー 183
　―医 183
ポリグラフ 157
ホリスティック 130

ま行

マーキュリー 52
マーヤー (幻影) 85
　(幻影も参照)
マグヌス, アルベルト (Albert Magnus) 73
『マトリックス』 117
マドレーヌ文化期 139
マナの会 10
マルコの事例 115
マンモス 137, 138
ミクロネシア 125, 127, 129, 133

微細→サトル
水
　智慧の― 69, 73
　メルクリウスの― 64
見捨てられコンプレックス 76
『ミュージックマン』 140
ミンデル, アーニー (Arnie Mindell) 6
無意識的コンプレックス 157
メーラー, ブルース (Bruce Mehler) 158
メルクリウス 84
　―の泉 51, 56
　―の水 64
モス, キャリー・アン (Carry Ann Moss) 117

や行

ヤッフェ, アニエラ (Aniela Jaffé) 4
柳 196
山中康裕 6
山愛美 9
融合 57
融即 58
夢 59
　―自我 35, 41
　『―と下界』 54
　―主 15, 33
　―の国 59
　『―の荒野を進む道』 92
　『―判断』 199
　―見の環境 31
ユング, カール (Jung, C.G.) 4, 36, 39, 40, 49, 51, 69, 84, 93, 124, 141, 157
溶解 (solutio) 56, 69, 203, 209

　―のプロセス 64, 203
抑うつ 171
ヨセフ 65

ら行

ラティナス, ゲベル (Geber Latinus) 182, 183
ラバイ, タラ・ブラウン (Tara Brown L'bahy) 9
離人症候群 33
硫化水銀 52, 56
　―の浴槽 61
類似 32, 38, 39, 44, 45, 60
　―性の核 44
ルフィニャック 137
霊 121
レヴィ・ブリュール, ルシアン (Lucien Levy-Brühl) 85
レシピエント 95, 100, 111, 116, 121
レッシング, ドリス (Doris Lessing) 189, 197
劣等
　―感 207
　―感コンプレックス 211
　―性 210
REM 睡眠 118
錬金術 42, 43, 45, 47, 50, 57, 84, 86, 133, 162, 173, 183
　―師 30, 45, 62, 88, 89
連鎖反応 196
連想実験 157
老王の死 77
老賢者 158
露出症 78, 80

訳者略歴

岸本寛史（きしもと　のりふみ）　1991年京都大学医学部卒業。内科医。主な著訳書に『癌と心理療法』（誠信書房），バーカー著『児童精神医学の基礎』，グリーンハル，ハーウィッツ編『ナラティブ・ベイスト・メディスン—臨床における物語りと対話』（ともに共監訳，金剛出版），ボスナック著『クリストファーの夢』（訳，創元社），『山中康裕著作集全6巻』（編者，岩崎学術出版社）などがある。

山　愛美（やま　めぐみ）　1987年京都大学大学院教育学研究科博士後期課程学修認定退学。博士（教育学）。臨床心理士。京都学園大学人間文化学部・人間文化研究科教授。著書に『言葉の深みへ』（誠信書房），共著に『行動と深層の心理学』（学術図書出版社），『今なぜ結婚なのか』（鳥影社）など，共訳にV・カースト著『おとぎ話にみる家族の深層』（創元社），M・ヤコービほか著『悪とメルヘン』，N・クォールズ-コルベット著『「女性」の目覚め』，E・F・エディンガー著『心の解剖学』（ともに新曜社）などがある。

ドリームワーク

2004年 9月10日　印刷
2004年 9月30日　発行

著　者　ロバート・ボスナック
監訳者　岸本　寛史・山　愛美
発行者　田中　春夫

印刷・太平印刷社　製本・井上製本所
発行所　株式会社　金剛出版
〒112-0005　東京都文京区水道1-5-16
電話 03-3815-6661　振替 00120-6-34848

ISBN4-7724-0842-8　C3011　　Printed in Japan　©2004

ナラティブ・ベイスト・メディスンの実践

斎藤清二・岸本寛史著
A5判　270頁　定価4,410円

　NBMの概念から医療パラダイムが大きく変わり始めている！本書は，NBMの基本的概念から，その使い方，量的研究から，実際の臨床に益する質的研究方法への転換などを，あくまでも治療者の視点から，多くの事例をもとに語ったものである。「医療」とは，いったい何か？　「治療」「治す」ということは，いったい何を目的としているのか？　患者の幸福？　治療者の満足だろうか？——本書はこういった本質的な問いに対する一つの解を与えるものであり，すべての治療者に必読のものとなるだろう。

ナラティブ・ベイスト・メディスン
T・グリーンハル他編　斎藤清二他監訳
医療者にパラダイム・シフトを求めるNBMの，理論と背景，実践に関する膨大な情報をまとめる。　　　5,040円

児童精神医学の基礎
P・バーカー著／山中康裕・岸本寛史監訳　児童・思春期の情緒的行動問題をもつ子どもたちについての最適の教科書。待望の最新6版の訳出。　　　6,090円

心理臨床と表現療法
山中康裕著　描画，箱庭，写真，詩，短歌など多岐にわたる表現療法を，120以上ものケースの作品をもとに基本から応用まで余すことなく説く。　　　3,990円

箱庭療法　イギリス・ユング派の事例と解釈
J・ライス-メニューヒン著　山中康裕監訳　箱庭を用いた20年の治療経験をもとに，年齢や背景を問わず，いかに箱庭療法が効果的であったかを示す。2,940円

臨床心理学ノート
河合隼雄著　臨床心理学を実践と理論が結びついた世界として確立した著者が，一臨床家としての実際的にして実践的な論考をまとめた。　　　2,100円

すべてをこころの糧に
村瀬嘉代子・青木省三編　クライエントの要求に的確に応えることや，効果的な心理療法を実践するための要諦を違った角度から考察した画期的な論集。2,940円

改訂増補　青年期境界例
成田善弘著　治療困難な境界例患者への精神療法の要諦を懇切に説いた本書初版に，外傷説を含む近年の諸研究を付し，待望の改訂増補版として刊行。　3,675円

ライフサイクルと臨床心理学
氏原寛著　ライフサイクル全般にわたって臨床心理学的に考察。人生のあらゆる季節を生きるクライエントと出会う臨床家にかけがえのないものである。3,570円

臨床心理学
最新の情報と臨床に直結した論文が満載
B5判160頁／年6回（隔月奇数月）発行／定価1,680円／年間購読料10,080円（送料小社負担）

精神療法
わが国唯一の総合的精神療法研究誌
B5判140頁／年6回（隔月偶数月）発行／定価1,890円／年間購読料11,340円（送料小社負担）

価格は消費税込み（5％）です